Analíticos empresariales para ejecutivos

Daniel Trejo Medina

Analíticos empresariales para ejecutivos

Daniel Trejo Medina

2020

Interior cartoon: DIDAC. by Ana Sofia Baron-Gamietea
Photo: Time Lapse Photography of Blue Lights By Pixabay. Pexels.com

First Printing: September 28, 2020.

ISBN 979-8-589-69199-3

9 798589 691993

Ordering Information:
Special discounts are available on quantity purchases by corporations, associations, educators, and others. For details, contact the publisher at the above listed address. U.S. trade bookstores and wholesalers:
Please contact: DIDAC
Pedidos_@dantm.com
Tel: +52(55)62645200

"Hay organizaciones que están famélicas de conocimiento, pese a que se están ahogando en información"

Contenido

Índice de ilustraciones

Introducción

La declaración más elemental y valiosa de la ciencia, el comienzo de la sabiduría es: "No lo sé". Star Trek.

A finales de la primera década de este milenio me reincorporé a la vida académica a tiempo parcial, después de muchos años de bregar en diversas empresas en proyectos de ingeniería de software y analíticos; con los alumnos de posgrado, particularmente maestría tuve un dialogo interesante que fomentó la escritura de diversos materiales para apoyo en las clases.

Algunos de estos estudiantes, brillantes empresarios, directivos y funcionarios comentaban la bondad de tener una referencia que facilitara e hiciera un poco más digeribles los conceptos de científico de datos, *big data*, minería de datos, aprendizaje automático aplicados a la labor de un director o gerente.

Si bien para los directivos con antecedente ingenieril o informático, era sencillo el flujo y entendimiento de conceptos, los directores de áreas de negocio comerciales, estudiantes recién graduados o teóricos que, con profundo estudio y superficial aproximación en el mundo real, quedaba vago el cómo aplicar o visualizar estos elementos de analíticos.

El hecho de que un ejecutivo debe decidir entre diferentes plataformas de análisis, sistemas de reportes, determinar cómo utilizar, solicitar o implementar componentes analíticos en sistemas integrados y de transmisión de información, y este cuenta con poca experiencia técnica necesita orientación no sólo sobre qué seleccionar, sino, lo que es más importante, qué considerar al tomar decisiones de análisis de datos, sustentó el desarrollo de este texto.

Incluso un gerente con perfil técnico, uno con experiencia en manejo de datos y sistemas informáticos, puede requerir orientación para temas tan sencillos como dar respuesta a ¿Por qué la empresa necesita una capacidad de analíticos y cuáles serán los resultados de negocio esperados al usarla? ¿Cuáles son las consideraciones, los requisitos y las capacidades clave que se deben perseguir? ¿Hay ejemplos de casos de uso? ¿Qué modelos ocupar?

Poder identificar ideas que motiven la necesidad de realizar análisis de datos, para potenciar las capacidades de la organización o coadyuvar a describir o perseguir elementos claves no evidentes, es uno de los objetivos que se pretende dar atención con este documento.

Usted como director o futuro director de negocio, deberá tomar decisiones todo el tiempo, las cuales beneficiarán o afectarán todos los aspectos de su negocio: operaciones, producción, personal, finanzas, recursos humanos, mercadotecnia. Algunas decisiones son netamente operativas del día a día, otra son reacciones tácticas a movimientos competitivos del mercado en el cual se desempeñe, otras serán decisiones estratégicas a largo plazo.

Sin embargo, todas las decisiones, de corto, mediano o largo plazo, inciden en los beneficios esperados para sus accionistas, empleados, ciudadanos o clientes, en consecuencia, son críticas, tomar una decisión con evidencia y sustento científico aproxima a una posible mayor probabilidad de obtener éxito.

En este contexto, una apuesta segura para cualquier organización dependerá más de la acumulación de habilidades y, especialmente, de las ganancias en la productividad multifactorial impulsada por la innovación y el capital basado en el conocimiento, que los analíticos le permitirá dar seguimiento puntual, preciso y mostrar posibles escenarios dónde aplicarlo u obtenerlo.

La creciente importancia para las organizaciones de contar con un capital basado en el conocimiento para el crecimiento, combinada con la creciente internacionalización de dicho capital, el trabajo remoto y digital, plantea varios problemas.

Aumentar la integración de los datos de la empresa hará que los ciclos económicos y financieros, estén más sincronizados, lo que mejorará la eficacia de la estabilización organizacional y ampliará el alcance y los beneficios de la coordinación con proveedores y clientes, la transformación digital ha acelerado el mar de datos que contamos, hay que aprender a nadar en ellos para subirse a la ola de beneficios y no ahogarse en ellos.

Antecedentes

"El futuro será mejor aprovechado por quienes ven las posibilidades antes de que estas sean obvias, sobre todo, basados en la evidencia".

Si bien los directores generales, de área o gerentes pueden verse beneficiados con la recomendación analítica obtenida a partir de los datos, no todos estos han considerado la práctica de la analítica empresarial como una labor merecedora para invertir su tiempo, lo cual no es asombroso, ya que las demandas competitivas suelen ser principalmente urgentes que importantes.

Como director comience a pensar que la analítica no es únicamente una actividad táctica, puede apoyarle a valorar y afinar su estrategia organizacional; como gerente o mando medio, comprenda que los datos al ser más abundantes y valiosos, impulsa a los reportes tradicionalmente tácticos, puedan con elementos de conocimiento convertirlos en temas estratégicos y transversales a su organización.

Cualquier organización que maneja un equipo de cómputo dentro de su operación crea algún tipo de dato que puede ser accionado para temas de finanzas, ventas, mercadotecnia, medios sociales, comercio electrónico, recursos humanos, manejo de riesgo y otros.

Un ejemplo tradicional de la sistematización de la información son los censos, en Estados Unidos el censo en 1880 se tardó siete años en procesarse, comprendiendo el ciclo que comprende desde el recolectar los datos hasta procesarlos, para con esto presentar los correspondientes reportes.

En 1890 Herman Hollerith inventa la máquina tabuladora, la cual, al ser utilizada en el censo de Estados Unidos de 1890, facilita que este se complete en dieciocho meses y con un costo mucho menor al del proceso manual ya que previamente, el cálculo se hacía con tarjetas perforadas, siendo estas tarjetas y los métodos para almacenarse las primeras u originales bases de datos automatizados.

A finales de 1800 Frederick Winslow Taylor, reconocido como el padre de la administración científica, introdujo lo que quizás fue el primer sistema de análisis de datos para una organización en los Estados Unidos.

A los 25 años Taylor propone el estudio del tiempo y movimiento como herramienta para la medición del trabajo, estableciendo el concepto de tarea, proponiendo que la administración debiera de encargarse de la planeación del trabajo de cada empleado, y cada uno de ellos, debería tener un estándar de tiempo basado en el trabajo de un operador calificado, este proceso lo habilito a recopilar datos para ser accionados, comparar desempeños y con ellos tomar decisiones.

Henry Ford implementó el proceso mediante líneas de producción, basado y apoyado en la consultoría de Taylor, donde este midió el tiempo consumido por cada tarea de producción del modelo de automóvil Ford T, que una vez optimizado entregó como uno de los productos resultantes la línea de producción que hoy en día es famosa.

Estos ejemplos del inicio del análisis de datos están enfocados en mejorar la producción, la eficiencia, las cantidades y el costo-efectividad, basado en datos, en evidencia.

Desde principios de 1900 hasta el día de hoy, las organizaciones requieren tener diversos tipos de reportes, algunos en tiempo real otros en periodos diversos, siendo estos reportes, una actividad que se procura automatizar, primariamente el reto residen en incorporar los datos de las diversas áreas que los generan, que en ocasiones están resguardados en silos o repositorios aislados (ventas, producción, inventarios, cobranza, empleados, entre otros), en consecuencia, sin contar con una integración o relación entre los datos, con el efecto de que reportes que deberían corresponder, no empatan, al tener datos transformados manualmente (en otras palabras "maquillados"), lo que provoca una visión irreal de la situación que se analiza.

A finales de la Segunda Guerra Mundial, las organizaciones hacían reportes con ejércitos de contadores o asistentes técnicos, quienes generaban principalmente datos descriptivos a partir de sus datos internos.

El uso de computadoras actualmente tiene una penetración y amplio alcance, le brecha tecnológica en la empresa, gobierno e instituciones se ha reducido, lo que ha permitido que para el caso de procesar datos y generar reportes sea cada vez más simple y rápido.

A finales de los 1950 el *Carnegie Institute of Technology* (hoy *Carnegie Mellon University*) realizó diversos estudios en el área de toma de decisiones, impulsando el concepto de tener sistemas de información que facilitaran a las organizaciones a la toma de decisiones basadas en datos, inicialmente para alta dirección, estos sistemas de soporte de decisiones (*Decision Support Systems* – DSS en inglés) tenían una mezcla de equipo de cómputo y especialistas que facilitaban la entrega de productos[1].

Estos DSS prepararon el análisis de datos de ciertos procesos, siendo un importante aporte y de amplio valor en la empresa y para la innovación organizacional.

En los albores de 1960 Charles Bachman propuso automatizar el concepto de archivar las tarjetas perforadas y su acopio de manera digital, propuso la creación de un almacén de datos integrados (*Integrated Data Store*- IDS), donde una tarjeta física diera nombres de archivo, campo y llave, esto le permitió recibir el Premio Turing en 1973, el cual es un premio de las Ciencias de la Computación que otorga la Asociación para la Maquinaria Computacional (en inglés *Association for Computing Machinery* ACM) principalmente a académicos.

---

[1] Keen, P. G., y Scott Morton, M. S. (1978). **Decision Support Systems: an organizational perspective**. Reading, MA, EUA: Addison-Wesley Pub. Co.

Posteriormente Edgar Frank Codd[2], presentó un modelo relacional de datos para grandes bancos de datos compartidos. Codd siguió colaborando en esta área y en conjunto con Raymond Boyce y Donald Chamberlin forjaron mejoras dentro del proceso, estos dos últimos personajes introdujeron un nuevo estándar de consultas de información para una base de datos relacional, el *Structured English Query Language* (Sequel o SQL) para recuperar los datos almacenados en estas, lo que facilitó a los usuarios la posibilidad de analizar datos bajo demanda.

A la par, el auge de las computadoras personales accedió la creación y adopción de diversas herramientas computacionales, como Lotus 1-2-3[3] aceleraba los cálculos y reportes, haciendo felices a muchos profesionistas como contadores, financieros, actuarios, entre otros; el detalle es que se manipulaban datos del pasado, es decir, dichos reportes indican que pasó, sin ser evidente el por qué ocurrió el hecho representado en los resultados.

A nivel organización, la adopción y uso de las bases de datos era ya común, el generar reportes no era tan expedito para producir análisis, dado que, las bases de datos se enfocaron en la transacción y operación de la organización.

---

[2] Codd, E. F. (1970). A Relational Model of Data for Large Shared Data Banks. *Communications of the ACM*, 13(6), 377-387.
[3] Lotus 1-2-3 fue un programa de hoja de cálculo desarrollado a principios de los 1980 por la hoy desaparecida empresa estadounidense *Lotus Development Corporation*.

Si el lector está familiarizado con la ley de Moore, que indica que aproximadamente cada dos años se duplica el número de transistores contenidos dentro de un microprocesador, la capacidad de cómputo se incrementaba significativamente y también a un menor precio.

El tomar beneficio del abaratamiento del procesamiento digital, el costo de almacenamiento digital impulsó que los datos puedan ser resguardados por periodos más largos al ciclo transaccional, resultando en generar un ambiente propicio desarrollar reportes y análisis de datos, diferenciándose de una base de datos relacional en que estaba optimizado en el tiempo de respuesta para las consultas, a esto se le denomino almacén de datos (*data warehouse* – DWH).

Este almacén de datos es una recopilación de datos no volátil, integrada, variable en el tiempo y orientada, como se mencionó, a mejorar el proceso de toma de decisiones de directores/ejecutivos.

Hay dos personajes famosos en esta arena: William H. Inmon y Ralph Kimball, quienes proponen dos tipos de almacenes de datos, Inmon con un diseño de arriba hacia abajo, es decir un almacén de datos empresarial, donde primero se normaliza el modelo de datos y luego los mercados de datos (*data mart* - DM) por dimensiones; en el caso de Kimball él planteó un diseño de abajo hacia arriba, en donde los *data marts* suministran primero los reportes y análisis, para posteriormente, ser combinados y crear un *data warehouse*.

Decidir cuál es mejor no se trivial, depende de los objetivos de negocio de cada organización, así como de la dependencia sistémica de la misma. Posiblemente como visión integral y considerando un buen gobierno de datos, la aproximación de Inmon que menciona como una fábrica de información corporativa, sea la que mejor beneficio obtenga de las facilidades tecnológicas actuales y futuras.

De manera ligera se puede opinar que el modelo de Kimball es más rápido de implementar, con bajo costo inicial y el nivel técnico requerido es básico, dado que se enfoca a integrar áreas de negocio individuales, pero el mantenimiento es arduo y redundante.

El modelo de Inmon consume mayor tiempo en el diseño, lo que forja un mantenimiento más sencillo, pero es: un costo de "inversión inicial alto", sin embargo, facilita una visión holística de la organización.

A finales de los 1980 se populariza el término de inteligencia de negocios (*business intelligence* - BI) siendo este concepto manifestado previamente en los 1950 por Hans Peter Luhn[4]. El BI propone que es la capacidad de comprender las relaciones de hechos presentados de forma que consiga o facilite llegar a una meta deseada; es Luhn, quien se ha ganado el alias de "el padre del BI".

La inteligencia de negocios junto con el *data warehouse* y el *data mart*, han permitido desde finales de los 1980 a diversas organizaciones tener éxito (y fracasos de implementación) en la toma de decisiones.

IBM y otras organizaciones como SAS Institute, desarrollan conceptos que mezclan la estadística con las fuentes de datos estructuradas,

---

[4] Luhn, H. P. (1958). A Business Intelligence System. *IBM Journal*, 314-319.

impulsando el termino de minería de datos (*data mining*), el cual es un proceso computacional que facilita descubrir patrones en grandes conjuntos de datos, donde el objetivo es pronosticar las necesidades potenciales de un negocio utilizando el análisis de patrones históricos.

El crear un *data warehouse* no es tan sencillo como solamente copiar datos de diversas fuentes de sistemas transaccionales, deben obtenerse datos desde diferentes formatos o reorganizarse bajo un nuevo criterio que facilite a la organización hacer una inteligencia de negocios correcta Para ello se deben extraer datos de fuentes internas o externas, adecuarlas o transformarlas a un formato estándar y entonces sí, cargarlas en el *data warehouse* o *data mart*.

El proceso o etapa de transformación es importante cuando se va a hacer inteligencia de negocio, sin embargo, esto ocurre cuando se ocupan sistemas heredados, actualmente hay sistemas que pueden omitir esta fase además de procesar datos estructurados y no estructurados.

A principios de este siglo se populariza el concepto de minería de procesos, tomando como principio al análisis de flujos de trabajo y a la minería de datos, con la diferencia de que en vez de utilizar datos se utilizan eventos, permitiendo que con una visión distinta se optimicen procesos, adicionalmente a lo que la investigación de operaciones ya proponía.

Hasta ahora se han indicado hitos generales, un crecimiento rampante de datos en la organización, pero, se debe considerar que los datos deben seguir políticas, procesos, flujos, estándares o al menos una estrategia que facilite su aprovechamiento, mantenimiento, auditoría, resguardo e incluso destrucción, para lo cual debe tenerse un gobierno de datos.

El gobierno de datos, siendo una opción hoy día, pronto será un requerimiento, que debe visualizarse desde la perspectiva de negocio, ya que, al personal operativo y de tecnología puede dejar de lado este control[5].

El gobierno de datos concierne a tener en el momento correcto, en el lugar correcto y con el formato correcto el dato disponible para el usuario adecuado; reduciendo. El gobierno de datos se volvió más que una tendencia, una necesidad, desde inicios del siglo XXI.

La revista Wired[6] hizo popular y socializó el concepto de *big data* con el artículo titulado *The end of Theory: The Data Deluge Makes the Scientific Model Obsolete*, el tema central del autor Anderson fue que en la era moderna de la información con el 'petabyte' y la computación 'en la nube' son rebasados los procedimientos de 'hipótesis, modelo, prueba' de la ciencia, dado que, la teorización científica simplemente no puede hacer frente al desbordamiento de datos.

[5] Trejo Medina, D. (2018). *Big data. Una oportunidad de mejora en las organizaciones.* Segunda Edición. México: DICAC.
Trejo Medina, D. (2019). *Administración, gobernanza del conocimiento y datos.* México: DICAC.
[6] Recuperado el 31 de marzo de 2019 de Wired: https://www.wired.com/2008/06/pb-theory/

Anderson cierra audazmente su pieza de valentía epistémica al afirmar que: "La nueva disponibilidad de grandes cantidades de datos [...] ofrece una forma completamente nueva de entender el mundo. La correlación reemplaza la causalidad, y la ciencia puede avanzar aun sin modelos coherentes, teorías unificadas, o realmente ninguna explicación mecanicista en absoluto". Sin embargo, la ciencia avanza sólo si puede proporcionar explicaciones, de lo contrario, se convierte en una actividad más parecida a la colección de estampas, es por ello complicado que se le llame ciencia.

En 2008, con base en los datos obtenidos en un estudio de Bounie y Gille[7] se producen en este año tan solo 14.7 exabytes de nueva información, y se procesa mundialmente en ese año el equivalente a 12 gigabytes de información por persona por día, y a mediados de 2020 el sitio statista.com menciona que el volumen de datos creados, capturados, copiados consumidos ronda a los 59 zettabyes (un zettabyte es un millón de petabytes)[8].

La firma McKinsey indica que para el 2018 tan solo en los Estados Unidos se requerirán entre 140 y 190 mil profesionales de la ciencia de datos, donde la privacidad, seguridad y propiedad intelectual son pilares que considerar[9].

---

[7] Bounie, D., y Gille, L. (2012). International Production and Dissemination of Information: Results, Methodological Issues, and Statistical Perspectives. *International Journal of Communication*. 1001-1021.

[8] Puede consultar https://www.statista.com/statistics/871513/worldwide-data-created

[9] Recuperado el 20 marzo de 2020 desde shorturl.at/hoOZ4

La seguridad y el manejo de datos son relevantes, tomando como referencia las elecciones donde Donald Trump fue electo en los Estados Unidos, por la supuesta injerencia de rusos en la manipulación de eventos y datos en *Facebook* y *Twitter*[10].

Esta breve introducción y línea del tiempo de los datos, han dejado de lado a temas tales como la creación del World Wide Web en 1989 por Tim Berners-Lee, de la web 1.0 y la web 2.0, la primera súper computadora instalada en 1995 o inclusive si fue Erik Larson[11] el primero que escribió en 1989 el término *big data* en un artículo en *Harper's Magazine* o si fue otro autor atribuido a algún oportunista de la mercadotecnia que no respetó la fuente.

De manera simple se puede aseverar que los datos al menos deben servir para que las organizaciones puedan realizar seis tipos de análisis: en tiempo real, descriptivo, de diagnóstico, predictivo, prescriptivo y cognitivo.

El análisis en tiempo real, donde el tiempo real se refiere al tiempo en el cual los datos son adquiridos o integrados para realizar el análisis.

El *big data* debería referirse a las grandes cantidades de datos históricos disponibles junto con datos generados en tiempo real, hallados en fuentes locales o de la nube, extraídos de una gran base de usuarios,

---

[10] Shane, S. (18 de febrero de 2018). How Unwitting Americans Encountered Russian Operatives Online. The New York Times, pág. 1.
[11] Larson, E. (26 julio 1989). *How Did They Get Your Name? Direct-mail Firms Have Vast Intelligence* Network Tracking Consumers. Orlando Sentinel, pág. 1.

datos que poseen formato o que vienen sin formato y con un objetivo de análisis empresarial.

El análisis descriptivo, es el que prácticamente todas las organizaciones tienen, en este se indica lo que ocurrió, también se le denomina la percepción del pasado.

El análisis de diagnóstico permite identificar el por qué sucedió el hecho, habilitando un análisis de causa raíz y hacer una navegación de lo general a lo particular.

El análisis predictivo considera en función de tendencias pasadas, posibles escenarios para ser modelados y presentar una estimación probabilística que busca entender el futuro, proyectando estados y condiciones futuras.

El análisis prescriptivo tiene como objetivo cuantificar el efecto de las decisiones futuras para proponer sobre los posibles resultados antes de que se tomen las decisiones, en aras de obtener la mejor decisión

El análisis prescriptivo usa una combinación de técnicas y herramientas tales como reglas de negocio, comerciales, algoritmos, aprendizaje automático y procedimientos de modelado computacional, mismas que se aplican utilizando como entrada los conjuntos de datos históricos, transaccionales, hilos de datos en tiempo real y *big data*.

En el cognitivo, como una fase de evolución se combina la inteligencia artificial, particularmente aprendizaje automático, para realizar decisiones automáticas e inmediatas.

Otro de los grandes contribuidores de datos para el *big data* es el internet de las cosas (*Internet of things* IoT), que es el conjunto de dispositivos de cómputo interrelacionados, máquinas y más, que tienen un identificador único y que cuentan con la capacidad de transferir datos a través de una red, prácticamente sin intervención humana.

Este desbordamiento de aplicaciones que utilizan el internet de las cosas con *big data*, permitirá además de los analíticos tradicionales (descriptivos, predictivos y prescriptivos), promover a un mayor uso de la inteligencia artificial, del aprendizaje automático (*machine learning*), de la computación cognitiva y del aprendizaje profundo (*deep learning*).

Considere que la digitalización en una organización favorece que los datos se democraticen, y si es gobierno que entonces los datos se transparenten, abran y socialicen, en consecuencia, los colaboradores, empleados y usuarios tendrán oportunidad de analizarlos mejor.

El futuro será mejor aprovechado por quienes ven las posibilidades antes que estas sean obvias, basados en la evidencia; sea esta una empresa, organización o una persona, el tener los datos bien analizados dará ese impulso que tendrá como efecto un punto de inflexión en su negocio.

No todas las organizaciones llegan al mundo digital de manera preparada o inmediata, asimismo, no todas las personas pueden construir un equipo de analistas de datos comenzando de un día para otro, independientemente si lo necesitaban urgentemente; un reto actual es que no hay ingenieros de datos y científicos de datos suficientemente competentes y experimentados para todas las organizaciones, tendrán que pasar por una curva de aprendizaje, así que, si su organización está en este escenario, mientras antes comience, mejor.

Fundamentos

"Si la velocidad de cambio afuera de una organización es mayor que la velocidad de cambio dentro de la organización, el final está cerca". Jack Welch.

El director y las decisiones

Ser director general, de unidad de negocio, mando medio, funcionario implica diversas actividades y funciones que deben realizarse de manera efectiva y eficaz.

Para el lector que no es director a continuación de describen algunas actividades básicas, comunicación es la principal, dado que el director debe ser la voz que a nombre de la organización da la representación, el crear, liderar e implementar la misión y visión de la organización empatada con una estrategia de corto y largo plazo, así como el implantar objetivos estratégicos y cerciorarse de que sean medibles y alcanzables.

Bajo la creencia de la división de funciones cerebrales, las anteriores corresponden a una ejecución y utilización del hemisferio derecho, sin embargo, en la parte analítica y matemática, vinculada al lado izquierdo hay cuatro actividades básicas de cualquier directivo que debe cumplir a cabalidad:

- Evaluar el trabajo, metas y alcances de sus directivos a cargo, verificando el cumplimiento de sus planeaciones.

- Salvaguardar el conocimiento del panorama competitivo del mercado donde se encuentra, detectar oportunidades de crecimiento, los ajustes en la industria, entre varios. Para lo cual debe dar vista y seguimiento a indicadores de mercado, sociales e industria.

- Identificar y estimar los riesgos para la organización, cerciorándose su monitoreo, mitigación e impacto.

Las tres funciones anteriores dan un seguimiento con evidencia del alcance de estrategias, planificación, procesos, del capital humano y en consecuencia, poder controlar y reorganizar los procesos que correspondan.

Considere como director general que, al implementar un buen analítico empresarial, tendrá un mejor y adecuado control de la operación de la empresa o área que analice, como efecto algunos de sus gerentes o directores de sentirse o incómodos con el monitoreo puntual.

Hay que tener presente y anticipar cómo reaccionarán las diferentes partes interesadas en su organización, desde una perspectiva de desarrollo organizacional debe tener un punto de vista claro sobre hacia dónde desea que los analíticos lleven a la organización, debe comunicar abiertamente sobre el plan y la posible inquietud que pueden tener los gerentes a medida que la analítica cambia la forma en que opera la organización.

La gestión del cambio es necesaria y esencial, la madurez operativa de sus colaboradores y la claridad sobre el nivel de cambio ayuda a abordar las preocupaciones de las diferentes partes interesadas, debiendo tener una participación ágil e impactando en áreas de tecnologías de información, quienes requerirán apoyo y empoderamiento en fases particulares del proceso.

¿Qué es un analítico?

Al inicio de este documento se presentó un esbozo de la evolución del uso de los datos y su apoyo para la transformación digital de las organizaciones, mencionando a la inteligencia de negocios y teniendo como elemento base un dato.

Si bien se puede partir de la definición de la Real Academia Española que indica que es un adjetivo: "que procede descomponiendo, o que pasa del todo a las partes"[12], el analítico, para el propósito de este texto, es el resultado o proceso de analizar datos sin procesar para conseguir conclusiones sobre esa información, los procesos se pueden automatizar y utilizar algoritmos que suelen ocupar datos fuente.

---

[12] Real Academia Española. (s. f.). Analítica, co. En Diccionario de la lengua española (avance de la 23.a ed.). Recuperado de https://dle.rae.es/anal%C3%ADtico

El uso de los analíticos suele ser para áreas estratégicas y tácticas principalmente, no obstante, los análisis a nivel operativo facilitan identificar posibles brechas de mejora en la organización.

A nivel operativo, un ejemplo simple es el dato de clientes, usuarios de diversas áreas que se comparten entre estas, para generar por ejemplo un proceso base de campaña de mercadotecnia utilizando la estadística fuente.

Analítica empresarial

La analítica empresarial puede ser definida como la ciencia de proyectar y responder preguntas sobre datos relacionadas con la operación, negocios o actividades sustantivas de la organización.

La analítica empresarial ha crecido rápidamente en las dos últimas décadas, utilizando mejores y simples herramientas de base estadísticas, de gobierno de datos, de gestión de datos, de visualización de datos y aprendizaje automático.

El término de científico de datos se ha convertido en un término *sexy* y ampliamente usado, aunque cuestiono seriamente la capacidad real de ejecución de muchos autodenominados "científicos de datos".

La analítica empresarial ha sido un relevante punto de convergencia entre distintas disciplinas, como economía, ingeniería, actuaría, matemáticas, física, las nuevas carreras profesionales de ciencia de datos, financieros, contadores, quienes, apuntalados en conocimiento vertical de industria, han generado diversos elementos resultantes, mismos que investigadores y académicos han complementado para realizar o proponer mejoras en métodos, metodologías y procesos.

Considere que la analítica empresarial es un trabajo donde coadyuvan diversos colaboradores de la organización, y que a los tomadores de decisiones deben habilitarles el accionar los datos y herramientas resultantes para que puedan alcanzar un éxito en el resultado.

Las organizaciones suelen tener cierta adopción y gusto por el análisis de datos, tener números de ventas, reportes, tendencias, hojas de cálculo, gráficos, los más ordenados con reportes de inteligencia de negocios o elementos heredados de cuadros de mando integral, tableros de indicadores claves entre otros.

Como podrá imaginar el tener el insumo básico, el datos, es el primer paso para comenzar cualquier análisis, con el paso inmediato de procurar comprender y resolver los problemas de negocio, para lo cual tradicionalmente los especialistas en análisis de datos, principalmente economistas y actuarios realizaban extraordinarios resultados, con los avances tecnológicos y reducción de costos de la infraestructura de cómputo, también han aparecido nuevos roles o carreras, como la previamente mencionada de científico de datos.

Este rol de científico de datos debe contar con una sólida comprensión de las características y razones del negocio, así como de los datos en cuestión a estas razones, tener presente su linaje y flujo, el cómo se integran, son internos externos, están gobernados, estos puntos básicos son los que un verdadero científico de datos debe poder responder.

Científicos de datos

A finales de 2014, dialogaba con una colega de la Facultad de Ciencias de la UNAM, acerca de la visión de que es un científico de datos, dispuesto por una científica e investigadora, su pronta respuesta fue: "es un individuo que domina las matemáticas, estadística, programación y análisis científico", una buena aproximación para un marco teórico y académico.

En la empresa, hay que dar resultados mesurables y continuos al negocio, agregaría a esa definición que este perfil debe conocer el valor, objetivo y reglas de negocio que su organización tiene y que aplicar su conocimiento para que con el análisis de datos apoye a su organización a alcanzar los objetivos de negocio.

Desde inicios del presente milenio el rol de científico de datos se ha venido desarrollando a tal grado que, hay diversas universidades que recientemente incorporaron una carrera con ese nombre, sin embargo, la propuesta que sostengo es que, se necesita experiencia y conocimiento de industria para realmente ser un científico de datos efectivo.

El rol de científico de datos fue nombrado el trabajo más sexy del siglo 21 en un artículo de Tom Davenport publicado en *Harvard Business Review* en 2012[13], quizás aquí hubo un punto de inflexión a nivel internacional, comprendiendo diversas organizaciones la relevancia de contar con personal interno para dichas actividades. En 2012 en México el Instituto Tecnológico Autónomo de México impulsa el posgrado a nivel maestría en Ciencia de Datos, posteriormente apertura la licenciatura en ciencia de datos; la UNAM aprueba la carrera en ciencia de datos en 2019, así como otras escuelas en el país.

El científico de datos debe tener cuatro actividades básicas a dominar:

- Adquirir: esta actividad se enfoca en cómo y desde dónde obtener los datos que se requieren. Si bien hay otros perfiles profesionales que pueden ayudarnos con esto, no hay que perder de vista cuales y como deberían ser usados los datos obtenidos.

- Preparar: debe poder operar (no ensuciar) los datos de forma que cumplan sus necesidades analíticas, una de las etapas más demandantes y por ende de mayor aporte ya que una buena labor aquí da resultados en el corto y largo plazo.

- Analizar: la actividad central, es la más retadora e interesante. Hay que evaluar datos situacionales, operacionales y de comportamiento.

---

[13] Davenport, T. y Patil, D. (2012). Data Scientist: The sexiest Job of the 21st Century. *Harvard Business Review, 90*(10), 70-76.

- Accionar: los resultados del análisis deben ser posibles de implementar, ofreciendo un beneficio a la organización o disminuyendo un riesgo o posible pérdida. Los hallazgos deben hacer sentido para el tomador de decisiones de la organización, si se tienen patrones, tendencias o excepciones son clásicas para interpretarse, pero sobre todo los hallazgos deben responder preguntas de negocio.

Ejecutadas las actividades anteriores entonces podrá describir, encontrar pronosticar y recomendar posibles soluciones con base en la evidencia.

En el científico de datos debería ser natural que tenga una facilidad de competencia técnica matemática (saber qué hacer y cuándo aplicarla), si este tiene mayor experiencia en el negocio en cuestión, podrá desenvolverse frente a frente con usuarios de negocio o clientes, ya que es necesario contar con habilidades de comunicación y trabajo en equipo, integridad y ética.

Adicionalmente, debe tener un pensamiento crítico (inductivo o deductivo para la solución de problemas) ya sea porque lo puede hacer o puede aprender cómo hacerlo y esto nos lleva a la competencia de adaptabilidad y flexibilidad o dicho de manera coloquial: desear hacer o estar motivado a hacer, pese al ambiente ambiguo de definiciones iniciales.

En internet usted puede hallar esa imagen de conjuntos donde describen al científico de datos como la conjunción de un hacker, experto en matemáticas, estadística y experiencia sustantiva, pero, si no sabe para qué usar todo ello ¿Qué ocurre? Esa respuesta suele ser: es un buen intento.

No debe dejarse de lado que, un científico de datos es más por la experiencia y el dominio del área de negocio en particular, explayando y haciendo una analogía, un científico de datos comparado con un cardiólogo, este es un médico que además llevó una especialidad en cardiología con años de labor y cirugías; un científico de datos que no sabe cargar, modelar, crear, analizar, programar y tomar requerimientos desde una perspectiva de negocio, tiende entonces a ser un "técnico con habilidades duras supra desarrolladas".

El científico de datos al manejar una gran cantidad de datos de una organización debe estar consciente que también debe involucrarse con procesos operativos, ya que con esta intervención puede responder de mejor forma las preguntas que la organización desea contestar con base en datos.

Puede definirse al científico de datos como el especialista enfocado en extraer conocimiento o información significativa mediante la adquisición, preparación, análisis, uso y visualización de datos de una organización, para aportar valor a esta.

Ilustración 1 Ingenieros. Fuente: ThisIsEngineering. Pexels.com

Conocimiento

Algunas personas identifican el memorizar datos o información como conocimiento, pese a ello, el memorizar no da resultado en una creencia. Referenciando y ocupando las propuestas de Michael Polanyi, Ikujiro Nokaka, Hirotaka Takeuchi y Leiff Edvinsson acerca de conocimiento, se puede proponer que, el conocimiento es un proceso dinámico del ser humano, el cual, con base en los hechos, datos o información adquiridos y reflexionados da como resultado una verdad justificada.

Tradicionalmente se ha clasificado en dos tipos de conocimiento: tácito y explícito, siendo el conocimiento tácito orientado y personal, complicado de formalizar, ya que está al interior de la persona, lo que dificulta la comunicación o el intercambio con otros, como ejemplo las percepciones subjetivas, las intuiciones y las creencias entran en esta categoría de conocimiento.

Entonces, el conocimiento tácito está afincado en la acción y la experiencia de una persona, en sus ideales, valores o emociones.

El conocimiento explícito constituye la parte racional de nuestro conocimiento, dado que se puede expresar y explicar fácilmente con palabras y números, puede procesarse y comunicarse con otras personas y dentro de la empresa y comprendiendo el elemento sustantivo del conocimiento organizacional.

Retomando la idea de disponer al conocimiento como una ecuación, se puede proponer entonces que:

Información + (su) aplicación = conocimiento

Proponiendo la hipótesis de que el objetivo básico del conocimiento es descifrar la realidad, pueden entonces surgir las preguntas ¿El conocimiento se produce por la experiencia, por el juicio o por la razón? ¿El ser humano ya viene de nacimiento dotado de ciertos conocimientos o se demanda adquirirlos en el acontecer del progreso de sus experiencias?, se dejan las preguntas para la reflexión, pero se propone entonces que, el conocimiento, es una capacidad humana más no una propiedad.

En el conocimiento, desde una perspectiva filosófica, se pueden encontrar a la conciencia y el objeto, el sujeto y el objeto; donde el conocimiento crea relaciones y correlaciones entre estos, sin embargo, la función del sujeto es tomar el objeto, la del objeto en ser tomado y asimilado por el sujeto, con lo cual puede indicarse que todo conocimiento tiene cuatro elementos:

- Un sujeto que conoce.

- Un objeto conocido.

- La acción de conocer.

- El resultado o información obtenida acerca del objeto.

El conocimiento, entonces puede ser concebido como la determinación del sujeto por el objeto, esta determinación puede tener aproximaciones de índole lógico, psicológico u ontológico. En el primer caso, se consideran los contenidos que están en la mente y cómo se relacionan para formar razonamientos. La psicológica se enfocaría a los procesos que el sujeto usa para capar la realidad (información) y crea el conocimiento. La ontológica, estudia a los objetos sin vincular su relación con el sujeto.

Se menciona al conocimiento dado que los analíticos que se desarrollen en la empresa deben formar parte del conocimiento organizacional y de su capital intelectual.

Capital intelectual

En 1997, Leiff Edvinsson publicaba en la revista de Long Range Planning[14] cómo la empresa Skandia había desarrollado un método de captura del valor potencial de su organización a partir de su capital estructura y humano, que había comenzado en 1991, considerando a la economía basada en conocimiento, debería identificarse cómo potenciar el conocimiento como una competencia que dirija el desarrollo del capital humano y entonces el capital intelectual sea visto como un conocimiento que se puede convertir en valor.

Si bien la aproximación anterior es amplia ya que abarca invenciones, ideas, conocimientos generales, diseños, programas informáticos, procesos de datos y publicaciones, el capital intelectual no se limita a las innovaciones tecnológicas, o únicamente a aquellas formas de propiedad intelectual identificadas por la ley (como ejemplo, patentes, marcas registradas, secretos comerciales).

Si usted es director o gerente de recursos humanos, se le sugiere pueda profundizar en lecturas de métricas de talento basadas en el capital intelectual.

Como director de otras áreas el tener a los analíticos como parte de su columna vertebral de conocimiento organizacional, habilitará el desarrollo de personal menos experimentado, al documentar y

---

[14] Edvinsson, L. (1997). Developing Intellectual Capital at Skandia. *Long Rage Planning*. (30) 3. 366-373.

transferir las percepciones y experiencias tácitas de otros directores, con base en datos, de tal manera que a la antigua usanza de profesiones de alta presión[15], de cuando no hay tiempo de reflexionar actúen conforme lo documentado.

En la cuarta revolución industrial, la del conocimiento, el capital intelectual es determinante en el éxito de numerosas organizaciones, constan diversos estudios alrededor del capital intelectual, Leif Edvinsson propuso la siguiente definición: "Capital Intelectual es la posesión de conocimientos, experiencia aplicada, tecnología organizacional, relaciones con clientes y destrezas profesionales que proporcionan a Skandia una ventaja competitiva en el mercado", posteriormente el mismo Edvinsson lo ajusta como la suma del capital humano y el capital estructural.

Si cambia la palabra "Skandia" por el nombre de su organización, esta definición puede ser bien aplicada.

---

[15] En el siglo pasado en la vieja escuela alemana de maestros y aprendices, el documentar y hacer evidentes ciertos elementos, los cirujanos y pilotos pueden solucionar situaciones cuando no tienen tiempo de analizar mucho una situación.

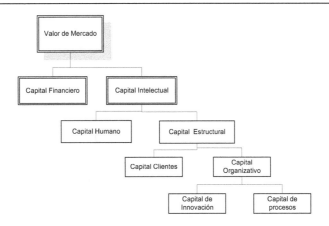

Ilustración 2 Esquema de valor de mercado y capital intelectual. Fuente: adaptado de Edvinsson (1997).

Desde una perspectiva integral y agnóstica a la razón de ser de una organización, se puede precisar la definición a: "el capital intelectual es la suma de todos los activos centrados en el individuo (educación, moral, entre otros), en la propiedad intelectual (sentencias, investigación, desarrollo, tesis, patentes, marcas, mejores prácticas) y en la plataforma (procesos, políticas, metodologías, tecnología que auxilia a funcionar y cumplir las metas organizacionales) que guardan una relación con los activos del mercado (potencial que se da por los valores intangibles) o entorno, que aportan valor a la organización" (Trejo Medina, 2009).

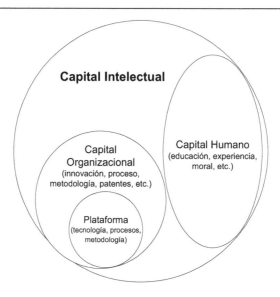

Ilustración 3 El capital intelectual visto desde la teoría de conjuntos.

En esta era de conocimiento, el dato es el insumo primario o crudo que como materia prima fundamenta el proceso de creación de información, apoyo en toma de decisiones y a la larga optimizar y automatizar ciertos procesos.

Contenido

El contenido, puede definirse como todo elemento digital que no es plano, esto es un video, música, un audio o sonido, una animación, incluso una imagen plana.

No confundir con el tema de contenido digital que es cualquier forma de datos o información en forma de archivo electrónico. Ejemplos comunes son los videos de *YouTube, Spotify, Tiktok, Reels, Vimeo,* grabaciones de conmutadores, mensajes de voz, entre otros.

Información

El concepto común que normalmente se enseña en los estudios previos al bachillerato para información es aquel que la define como una acción de comunicación y con significado cuyo objeto es atender una respuesta con verdad y con determinadas condiciones.

En un sentido amplio puede mencionarse que la información es una acción comunicativa y significativa que aspira a reclamos de verdad y condiciones bajo un contexto.

Cuando hay datos procesados o bajo un contexto estos se convierten en información, siendo la información un paso importante para apoyar al desarrollo del conocimiento, que, con una visión de administración del conocimiento, los datos e información con un formato e interpretación de patrones aunados a la experiencia explicita del equipo de trabajo, crea el conocimiento.

Aproximando a la información desde la perspectiva de datos, los cuales por sí solos no tienen sentido, el dato entonces adquiere significado y se convierte en información cuando se interpreta (según el contexto).

Los datos se refieren a la entrada sin formato que, cuando se procesa u organiza, produce una salida significativa: información, entonces se vuelven interpretables y adquieren importancia.

En tecnologías de la información, los símbolos, caracteres, imágenes o números son datos. Estos son las entradas que un sistema informático requiere procesar para producir una interpretación significativa.

La información puede ser sobre hechos, cosas, conceptos o cualquier cosa relevante para el tema en materia, suele proporcionar respuestas a preguntas como quién, qué, cuándo, por qué y cómo.

Simplificando el concepto de información a una ecuación, se puede representar:

$$datos + significado = información$$

La información como representación de conocimiento parte del principio que la información es conocimiento almacenado, históricamente libros, pero cada vez más formato electrónicos, donde el texto, contenido y su significado se encuentran como un paso necesario en la determinación de su relevancia para la necesidad de un usuario de esta.

Al igual que la situación lingüística, esta situación involucra un intercambio de valores. Con respecto al acceso a la información, el contenido se intercambia por texto, y luego el texto se intercambia por representación.

Es posible que los directores se ahoguen en datos, pero estén hambrientos de información, lo cual se da cuando no logran obtener la información que necesitan, suelen recibir información irrelevante, y la razón principal es dado que permiten la tecnología decida qué información recibirán.

Datos

En cualquier organización los datos, ya sean crudos o procesados, deben aportar un valor a la organización, apoyar a cumplir un objetivo de negocio claro y específico, de otra manera no habría un sentido el crear dicho hecho y mantenerlo resguardado.

No es ajeno a la realidad que los datos son una fuente, que con su producción distribución y consumo ha facilitado crear nuevos servicios, facilitar toma de decisiones, agilizar investigaciones médicas, legales, regulatorias, bioquímicas o científicas en lo general, impulsando lo que algunos autores han denominado la economía de los datos.

Para la industria y academia son relevantes los datos, en los servicios públicos y en la mejora de la eficacia de políticas públicas, rendición de cuentas y transparencia han impactado de manera importante gracias a la reducción de la brecha digital, siendo incluso un tema que las Naciones Unidas han dispuesto como un apoyo para dar seguimiento a los indicadores de la Agenda 2030 de desarrollo sostenible (Tirole, 2017).

La revista *The Economist*, publicó años atrás que, para este siglo, los datos son lo que el petróleo fue para el siglo pasado, un conductor del cambio y del crecimiento[16].

Actualmente se producen una gran cantidad de datos por segundo, los dispositivos y personas comparten dinámicamente sus datos, pese a ello, esta economía de datos sigue siendo pequeña si se considera y compara como parte del producto interno bruto (PIB).

Por ejemplo, en la Unión Europea, el valor del mercado de datos (los ingresos agregados de todas las empresas de la economía de datos) alcanzó los 65 mil millones de euros en 2017, lo que representa solo el 0.49 por ciento del PIB y emplea a 6.7 millones de personas (que recolecta, almacena, administra y analiza datos como su actividad principal, o como parte relevante de sus actividades)[17].

La definición más común de dato es la que indica que es una representación simbólica de un hecho, atributo o variable cuantitativa

---

[16] The Economist (2017). Regulating the internet giants. The world's most valuable resource is no longer oil, but data. The data economy demands a new approach to antitrust rules. *The Economist*, May. Recuperado de: https://www.economist.com/leaders/2017/05/06/the-worlds-most-valuable-resource-is-no-longer-oil-but-data

[17] Wai, H., Cheng, J., LaFleur, M., y Hamid, R. (2019). *Data Economy: Radical transformation or dystopia?*. United Nations, Department of Economic and Social Affairs. UN.

(numérica, alfabética, algorítmica, entre otras). Aunque puede ser también, en términos prácticos, aquella información transmisible y almacenable mediante la cual se realizan las operaciones computacionales.

Los datos describen hechos empíricos, sucesos y entidades. En el área de la informática, el dato es una colección de números representados como bytes, que a su vez están conformados de bits que pueden tener un valor de cero o uno; los datos son procesados por el procesador mediante operaciones lógicas y generalmente forman nuevos datos a partir de estos. Puede observar el cuadro siguiente que incluye tres representaciones de datos.

Texto	México, Ciudad de México, Coyoacán, UNAM
Representación hexadecimal	4dc3a97869636f2c204369756464206465204dc3a97869636f2c20436f796f6163c3a16e2c20554e414d
Representación binaria	0011010001100100011000110011001101100001001110010010011011001110000011011000111001001101100011001100110110010011000110010001100110010001100000011010000110011001101100011100100110111001101010010110110001101000011011000110001001101100011010000110110000011001000110000011011000110100001101100011010100110010001100000011010001100100011000110011001101100001001110010010011011001110000011011000110010001100011001100110110011001100010001100000011010000110011001101100011000010110011000110110011001100011011100110010011011001100110001101100011000100101100010011011000110011001100110110000100110000100110110011001001100100110001100110010001100000011010100110101001101000110010100110100011010001100100</center>

Ilustración 4 Ejemplo de representación de datos

Datos estructurados, no estructurados

Dentro de los datos se puede hallar una división fácilmente identificable, la de datos estructurados y datos no estructurados; un dato estructurado es una agrupación de datos que tiene un orden representado en vectores, matrices, cadenas de caracteres, registros uniones. Son aquellos datos que tiene definido su formato, tamaño, longitud, en ocasiones se almacenan en bases de datos relacionales o en hojas de cálculo; estos suelen tener dos fuentes de generación, una humana y otra basada en cómputo.

Los datos no estructurados, son aquellos que no tienen un formato específico y están almacenados en formatos diversos de documentos como pueden ser PDF, documentos en Word, correos electrónicos, imágenes, páginas web.

Estado	Abreviación	Cantidad Aeronaves	Pilotos registrados
Ciudad de México	CDMX	643	1131
Tlaxcala	TLA	9	27
Jalisco	JAL	752	1671
Guanajuato	GTO	23	49
Veracruz	VER	417	273

Ilustración 5 Ejemplo de dato estructurado.

Se puede mencionar que los datos no estructurados alcanzan a tener internamente algún formato u orden implícito, pero no se utiliza para procesarlos con herramientas históricas de minería de datos o de base de datos; con lo cual puede entender porque con el advenimiento del siglo XXI el manejo de minería tradicional de datos comenzó a dejar de aportar valor significativo, ya que más del 83% de los datos que una organización genera y debe utilizar para tomar decisiones son datos no estructurados.

1

¿Encontraría a la Maga? Tantas veces me había bastado asomarme, viniendo por la rue de Seine, al arco que da al Quai de Conti, y apenas la luz de ceniza y olivo que flota sobre el río me dejaba distinguir las formas, ya su silueta delgada se inscribía en el Pont des Arts, a veces andando de un lado a otro, a veces detenida en el pretil de hierro, inclinada sobre el agua. Y era tan natural cruzar la calle, subir los peldaños del puente, entrar en su delgada cintura y acercarme a la Maga que sonreía sin sorpresa, convencida como yo de que un encuentro casual era lo menos casual en nuestras vidas, y que la gente que se da citas precisas es la misma que necesita papel rayado para escribirse o que aprieta desde abajo el tubo de dentífrico.

Pero ella no estaría ahora en el puente. Su fina cara de translúcida piel se asomaría a viejos portales en el ghetto del Marais, quizá estuviera charlando con una vendedora de papas fritas o comiendo una salchicha caliente en el boulevard de Sébastopol. De todas maneras subí hasta el puente, y la Maga no estaba. Ahora la Maga no estaba en mi camino, y aunque conocíamos nuestros domicilios, cada hueco de nuestras dos habitaciones de falsos estudiantes en París, cada tarjeta postal abriendo una ventanita Braque o Ghirlandaio o Max Ernst contra las molduras baratas y los papeles chillones, aun así no nos buscaríamos en nuestras casas. Preferíamos encontrarnos en el puente, en la terraza de un café, en un cine-club o agachados junto a un gato en cualquier patio del barrio latino. Andábamos sin buscarnos pero sabiendo que andábamos para encontrarnos. Oh Maga, en cada mujer parecida a vos se agolpaba como un silencio ensordecedor, una pausa filosa y cristalina que acababa por derrumbarse tristemente, como un paraguas mojado que se cierra. Justamente un paraguas, Maga, te acordarías quizá de aquel paraguas viejo que sacrificamos en un barranco del Parc Montsouris, un atardecer helado de marzo. Lo tiramos porque lo habías encontrado en la Place de la Concorde, ya un poco roto, y lo usaste muchísimo, sobre todo para meterlo en las costillas de la gente en el metro y en los autobuses, siempre torpe y distraída y pensando en pájaros pintos o en un dibujito que hacían dos moscas en el techo del coche, y aquella tarde cayó un chaparrón y vos quisiste abrir orgullosa tu paraguas cuando entrábamos en el parque, y en tu mano se armó una catástrofe de relámpagos fríos y nubes negras, jirones de tela destrozada cayendo entre destellos de varillas desencajadas, y nos

6

Ilustración 6 Ejemplo de dato no estructurado. Página del libro Rayuela de Julio Cortázar.

De forma similar, los datos no estructurados pueden ser generados por computadoras, ejemplos son las imágenes satelitales, datos sísmicos, atmosféricos, video, fotografías, datos de radares. Los no estructurados generados por el ser humano como: los correos electrónicos, documentos de oficina, encuestas, datos de redes sociales, mensajes cortos de celular, etiquetas de internet, mensajes de *WhatsApp* o *Telegram,* por mencionar simplemente algunos.

Existe otro tipo de datos que es semiestructurado, el cual es una combinación de los dos anteriores, que aunque no presenta una estructurada claramente definida, si tiene un formato donde sus metadatos describen los objetos y relaciones, inclusive por convención son aceptados, ejemplos son los formatos HTML (*HyperText Markup Language*, hace referencia al lenguaje de programación para la elaboración de páginas web), XML (*eXtensible Markup Language*, o Lenguaje de Marcas Extensible que es meta-lenguaje que facilita definir un lenguaje de marcas que facilita almacenar datos en forma legible), XSD (*XML Schema* es un lenguaje de esquema que describe de forma precisa la estructura y las restricciones de los contenidos de los documentos XML), JSON (*JavaScript Object Notation*, es un formato simple de texto para el intercambio de datos).

```
<!DOCTYPE html>
<!--[if IEMobile 7]><html class="iem7" lang="es" dir="ltr"><![endif]-->
<!--
[if lte IE 6]><html class="lt-ie9 lt-ie8 lt-ie7" lang="es" dir="ltr">
<![endif]
-->
<!--
[if (IE 7)&(!IEMobile)]><html class="lt-ie9 lt-ie8" lang="es" dir="ltr">
<![endif]
-->
<!--[if IE 8]><html class="lt-ie9" lang="es" dir="ltr"><![endif]-->
<!--[if (gte IE 9)|(gt IEMobile 7)]><!-->
<html class="js" dir="ltr" prefix="content: http://purl.org/rss/1.0
/modules/content/ dc: http:/..rg/2004/02/skos/core# xsd: http://www.w3.org
/2001/XMLSchema#" lang="es"> ⊡
    <!--<![endif]-->
 ▶ <head> ⊡ </head>
 ▼ <body class="html front not-logged-in no-sidebars page-inicio page-
   panels mean-container"> ⊡
     ▶ <div class="mean-bar"> ⊡ </div>
     ▶ <p id="skip-link"> ⊡ </p>
     ▼ <div id="page">
         ▼ <header id="header" class="header" role="banner">
             ::before
             ▼ <a id="logo" class="header__logo" href="/" title="Inicio"
               rel="home">
                 <img class="header__logo-image" src="https://www.unam.mx/sites
                 /all/themes/unam/logo.png" alt="Inicio">
             </a>
           ▶ <div class="header__region region region-header"> ⊡ </div>
             ::after
           </header>
         ▶ <div id="main"> ⊡ </div>
         ▶ <footer id="footer" class="region region-footer"> ⊡ </footer>
         </div>
       ▶ <div class="region region-bottom"> ⊡ </div>
         <script src="https://www.unam.mx/sites/default/files
         /js/js_rR1UpFcxYbve0531qs7TKMKfw50kNILiTDdxenDPsUI.js"></script>
       ▶ <table class="gstl_50 gssb_c" style="width: 176px; display: none; top:
         163px; position: absolute; left: 29px;" cellspacing="0"
         cellpadding="0"> ⊡ </table>
     </body>
   </html>
```

Ilustración 7 Ejemplo de dato semiestructurado (código HTML)

Datos oscuros

Los datos en general tienen muchos beneficios y posibles usos positivos, sin embargo, sin dejar de lado el mal uso o posible uso incorrecto, con esto se refiere a datos que una organización genera de manera interna: capacitación del personal, registros de huellas personales en general datos biométricos, demandas, propiedad intelectual, localización geofísica, referencias familiares.

Así también puede hallar servicios de empresas que cobran por pedir sus datos e información, para luego ser vendidos, algo que Usted seguramente autorizó, posiblemente sin leer bien las letras pequeñas del acuerdo, un ejemplo en México es el Círculo de Crédito y el Buró de Crédito, quienes posteriormente venden (previa autorización del usuario) a un tercero sus datos, entonces datos y referencias de orden financieros, crediticio, seguros y otros pasan a ser "públicos" para este ente en particular.

Los activos de información o datos que se coleccionan procesan y almacenan durante las actividades normales de una organización, pero que se ocupan para otros propósitos distintos a los cuales con los que originalmente se obtuvieron e incluso que no son necesariamente del y para el negocio, son los datos oscuros.

En México aún no llega a un nivel de discriminación basada en datos, quizás sí de clasismo, al análisis de datos con base en edad, religión, género, estado civil, preferencia política, raza y la que se pueda obtener de manera abierta desde redes sociales, pudiera afectar o no a las oportunidades laborales y de estudio, entre otras, pudiendo provocar una posible discriminación digital de un sujeto evaluado en particular.

Con respecto a la información personal, existen leyes y regulaciones vigentes para la privacidad y seguridad de dicha información en diversos países, México tienen un fuerte avance con la Ley Federal de Protección de Datos Personales en Posesión de los Particulares publicada el 5 de julio de 2010[18], la recopilación y el uso propio o compartido de la información personal de una organización debe ser coherente con su política de privacidad, las leyes y normativas aplicables.

En México desde el 2013 se tiene una bien definida política de datos abiertos desarrollada bajo el Plan Nacional de Desarrollo y la Estrategia Digital Nacional, su ejecución ha sido buena, tanto que de tener un puesto diez a nivel mundial en 2014 para el manejo de datos abiertos, hoy día México ocupa el puesto cinco, de acuerdo a la Organización para la Cooperación y el Desarrollo Económico[19], lo cual ha facilitado e iniciado la regulación de los datos, sin embargo, aún hay camino que recorrer para el caso de la iniciativa privada.

Bajo una perspectiva práctica, considere que cada vez que algo se publica en Internet, aunque supuestamente es privado, en algún determinado momento se podrá hacer público, con el resultado que la información en posesión de terceros puede incidir en la calificación o métrica de una persona.

Un ejemplo característico es la plataforma de *LinkedIn.com*, en la cual se suben perfiles profesionales, al leer los perfiles ahí auto descritos, las personas se definen como directores generales, emprendedores, directivos, ejecutivos, profesionista, no obstante, al cruzar con otras

[18] Cámara de Diputados del H. Congreso de la Unión, Estados Unidos Mexicanos. (5 de julio de 2010). *Ley Federal de Protección de Datos Personales en Posesión de los Particulares*. Recuperado el 31 de marzo de 2017, de http://www.diputados.gob.mx/LeyesBiblio/pdf/LFPDPPP.pdf

[19] OECD. (2018). *Open Government Data in Mexico: The Way Forward, OECD Digital Government*. Paris: OECD Publishing.

fuentes abiertas como puede ser el Registro Nacional de Profesionistas de la Secretaría de Educación Pública de México, se valida que muchos autodenominados profesionistas, no cuentan siquiera con la cédula profesional correspondiente que avale la profesión que presumen desarrollar.

En otra arena, hay quienes tienen demandas mercantiles o penales que contrastan con lo que mencionó la persona en su perfil, demeritando entonces la calidad de la información presentada por el actor.

La venta de bases de datos de información de personas sigue siendo un negocio lucrativo en México, la cuestión es ¿De dónde obtienen y lucran con dichos datos?, cuando supuestamente son privados.

En los nuevos negocios emergentes por ejemplos financieros (*Fintech*), tienen como partida para análisis de sus posibles clientes la información informal y formal de personas que existe en Internet, algunos de esos datos, que las personas ponen a disposición de terceros.

El uso de los datos oscuros seguirá en incremento, dado que el costo del almacenamiento es bastante económico y esos datos en un futuro con un análisis particular a ese momento puede tener un valor interesante a la pregunta de negocio que en ese instante se haga, más si no hay un marco legal con penalizaciones aplicables con ese uso de datos oscuros.

En otros países ya se cuentan con marcos legales o de referencia que procuran mitigar el uso de datos oscuros, principalmente en Europa en el espacio Schengen y en Estados Unidos. A continuación, se presenta una ilustración que indica las capas o niveles donde la parte legal se ve involucrada de mayor manera, según lo propone el autor Kemp quién como firma legal, ha propuesto para este ámbito[20].

Nivel 5: Gestión y seguridad de información	* Estrategia, políticas, procesos * Estándares correspondientes: ISO 27001/2
Nivel 4: Regulación de datos	* Sin sector específico: protección de datos, ley competente * Específica del sector: servicios financieros, gobierno, serv. profesional, entre otros
Nivel 3: Contratación de datos	* Elementos contractuales * Protección particular de datos pero limitado entre partes
Nivel 2: Derechos de propiedad intelectual en relación a los datos	* Marcas registradas, derechos sobre base de datos, patentes, confidencialidad, derechos reservados * Protección extensiva pero aún no determinada o definida
Nivel 1: Arquitectura de información	* Estructura de datos, diseños, esquemas formatos * Modelos de datos como representación de flujos de datos vía entidades, atributos y relaciones
Nivel 0: Plataforma	* Software: sistemas operativos, bases de datos, middleware, inteligencia de negocios, analíticos * Hardware: procesadores, almacenamiento, redes

Ilustración 8 Marco de referencia legal. Fuente: adecuado de Kemp IT Law.

Datos abiertos, su protección y privacidad

Es el término que se emplea para aludir a los datos cuyo acceso es libre (sin restricciones o limitaciones técnicas, ni legales), y pueden ser

[20] Kemp IT Law. (2 de septiembre de 2014). *Legal Aspects of Managing Big Data*. Recuperado el 31 de marzo de 2017, de Kemp IT Law: http://www.kempitlaw.com/wp-content/uploads/2014/09/Legal-Aspects-of-Big-Data-White-Paper-kempitlaw-201409-1.pdf

usados, reutilizados y redistribuidos por cualquier usuario que lo desee (Ontiveros y López Sabater, 2017)[21].

Los datos abiertos, con una aproximación canónica deben incluir cuatro características intrínsecas:

- Disponibilidad y acceso: los datos e información deben estar disponibles y accesibles con facilidad (preferentemente sin un cargo o costo adicional mayor al del acceso vía Internet).

- Que sea reutilizable y redistribuible: los datos deben admitir la posibilidad de ser reutilizados y redistribuidos, así como ser fusionados con otras bases de datos, citando la fuente original.

- Participación social: cualquier persona, sociedad, organización o institución debe tener acceso, reutilizar o redistribuir el contenido.

- Sostenibilidad: los beneficios de una acción o programa pueden prolongarse en el tiempo, independientemente de quien los implemente.

En 2011, según Ontiveros y López (2017), "un estudio comisionado por la Comisión Europea estimó que el valor económico de divulgar y reutilizar la información del sector público rondaba los 40,000 millones de euros anuales sólo en la Unión Europea y a escala mundial,

---

[21] Ontiveros, E., López Sabater, V. (2017). *Economía de los Datos. Riqueza 4.0.* Madrid: Ariel, Fundación Telefónica, Planeta.

McKinsey estimó en 2013 que el valor potencial de los datos abiertos llegaría a estar entre uno y tres billones de dólares por año", entonces tiene un gran impacto.

El proyecto de datos abiertos, normalmente y globalmente tiene tres ejes principales: mejorar el valor económico mediante el impulso a la innovación, el emprendimiento, y la economía basada en datos; crecer el valor social mediante la participación pública, el compromiso ciudadano, el desarrollo de políticas impulsadas por el ciudadano y el monitoreo y auditoria cívica; finalmente la gobernanza mejorada mediante la integridad, responsabilidad, eficiencia y buen desempeño, entrega de mejores servicios públicos y gobierno innovador.

La Organización para la Cooperación y el Desarrollo Económicos buscando impulsar y mejorar la productividad del sector público a través del cambio tecnológico y la innovación, desde 2014 recomendó en México doce estrategias para el Gobierno Digital, que fomente la gobernanza participativa, la innovación, la transparencia y los sectores públicos eficientes (OECD, 2018).

El caso México es conveniente mencionarlo dado que ha sido desde 2015 un jugador representativo de iniciativas de datos abiertos[22], vía la

---

[22] En México, existe desde hace años toda una normatividad de Datos Abiertos, lo cual en su momento reconoció a México como uno de los principales países en el tema, se pueden mencionar entre la normatividad relacionada a: la Ley General de Transparencia y Acceso a la Información Pública Gubernamental (de 2015), al Decreto por el que se Establece la Regulación en Materia de Datos Abiertos (de 2015), a la Guía de Implementación de la Política de Datos Abiertos (de 2015), a la Norma Técnica para la Publicación de Datos Abiertos de Información Estadística y Geográfica de Interés Nacional (de 2014) y al Esquema de Interoperabilidad y Datos Abiertos (de 2011), todas ellas se pueden consultar vía el Diario Oficial de la Federación.

Coordinación de la Estrategia Digital Nacional, dependiente de la Presidencia de la República, y en coordinación con la Secretaría de la Función Pública, que como resultado dieron el portal de datos.gob.mx en paralelo con la Ley General de Transparencia y Acceso a la Información Pública publicados ambos en 2015, año en el cual también se publicó la Guía de Implementación de la Política de Datos Abiertos[23].

En este punto es pertinente mencionar que para este libro los datos abiertos están referidos a aquellos que son accesibles vía Internet o acceso similar electrónico, se aclara este punto dado que desde una perspectiva administrativa ya existían desde 1978 en Francia, por ejemplo, una comisión para facilitar el acceso a la ciudadanía de manera abierta (*Commission d'accès aux documents administratifs*, puede visitar su sitio web en https://www.cada.fr), y en general la Unión Europea vía administrativa desde 1993, al igual que los EUA con sus actos de libertad de información (*Freedom of Information Act*) desde mediados de 1960.

El tema de datos abiertos lleva intrínseco el fondo de datos de gobierno abierto, que como ya ha mencionado la OCDE tiene varios retos sustantivos, entre los cuales se puede mencionar:

- Datos abiertos a nivel local (alcaldía, municipio, estado)

---

[23] Martínez Mancilla, Y. (18 de 06 de 2015). Guía de Implementación de la Política de Datos Abiertos. *Diario Oficial de la Federación*.

- Desarrollar un ambiente abierto que promueva la gestión institucional de datos abiertos

- Fomentar una divulgación de datos basada en la demanda y el valor

- Promover un ecosistema de habilidades y compromisos

- Promover el sector público basado en datos

- Promover los directores de administración del conocimiento (como ente superior al tradicional jefe de datos o *chief data officer, CDO*), dados los requerimientos de gobernanza.

Los datos abiertos, como quizás ya pudo identificar deben involucrar a las áreas sustantivas, para determinar los diseños, valores y políticas que en temas de datos, información y conocimiento abierto deben desarrollarse, en iniciativa privada o en gobierno.

En gobierno es más demandante la situación dado los compromisos que el servidor público adquiere y tiene como tal, las metas organizacionales de rendición de cuentas, indicadores, programas y política interoperable y de valor para su institución.

En cuanto a la protección de información personal por parte del Estado, esta debe ser garantizada como una prerrogativa fundamental emanada del derecho a la vida privada a partir de lo que se denomina "autodeterminación informativa" y la mencionada protección deberá de resguardar todas las previsiones de seguridad de la Ley Federal de Protección de Datos Personales en Posesión de Sujetos Obligados[24].

Para el ámbito privado, la garantía a la persona o ciudadano de la información debe respetar no sólo la vida privada, la intimidad y la autodeterminación informativa, sino también los derechos al honor y en ocasiones la propia imagen (Tenorio Cueto, 2018).

Para la conservación y cumplimiento del principio de información, en materia de protección de datos personales, es mandatorio que para el tratamiento de dichos datos y previamente a que el titular de los datos otorgue su consentimiento en caso de ser requerido, le sean comunicados por parte del responsable del tratamiento los elementos suficientes y necesarios para que con pleno conocimiento sobre la forma en que se llevará a cabo su tratamiento, pueda otorgar o negar su autorización para el uso de los mismos. Es aquí donde cobra relevancia el principio de información para la protección de datos personales (Tenorio Cueto, 2018).

Como podrá leer, entonces el marco legal y operativo de datos abiertos y su protección está implementado y comenzando a funcionar en México, ya cada organismo, empresa o institución debe determinar el alcance y logro que desea obtener.

A nivel Latinoamérica, en gobierno los datos abiertos se han alineado a los temas de políticas abiertas, transparencia y en el caso de los

---

[24] Tenorio Cueto, G. A. (2018). La autodeterminación informativa y sus principios. In G. A. Tenorio Cueto, *La protección de datos personales Revisión crítica de su garantía en el sistema jurídico mexicano* (p. 328). México: Tribunal Federal De Justicia Administrativa.

poderes a temas de redición de cuentas; uno de los poderes que mayor valor puede aportar a la ciudadanía y que tiene los mayores retos para instrumentar un acceso de datos abiertos, es el Judicial[25], es fundamental contar con la decisión política y el liderazgo de las Supremas Cortes, de los Tribunales Superiores e Institutos que regulen el manejo, acceso y privacidad de los datos.

En otro rubro de factibilidad de alto valor para datos abiertos, son los Bancos Centrales, dada la continua investigación, análisis y estadística desarrollada, que facilitaría la innovación y desarrollo empresarial si se empata con datos de otras dependencias federales como las secretarias o ministerios de economía.

En general con un apropiado sentido de valor para la gobernanza, cualquier dependencia local o federal puede brindar no sólo transparencia, pero también valores y servicios agregados a la ciudadanía, eliminando la brecha física (papel y burocracia) y evolucionarla a la digital, acelerando posibilidades de mejora en tiempo y acceso.

Dado el potencial de riesgo sistémico en la infraestructura de la sociedad de la información y del conocimiento, que sustenta la economía basada en conocimiento (no sólo datos), se requieren propuestas de valor de resguarden privacidad, y transparencia adecuada a las ofertas y solicitudes en las negociaciones comerciales

---

[25] Elena, S. (2015). *Iniciativa Latinoamericana por los Datos Abiertos.* Recuperado el 12 de diciembre de 2018 de Datos abiertos para una justicia abierta: un análisis de caso de los Poderes Judiciales de Brasil, Costa Rica, México y Perú: https://idatosabiertos.org/investigaciones-2/poder-judicial-y-datos-abiertos/

internacionales sobre el acceso a los datos y los términos de los contratos de adquisición que generan datos valiosos.

Ética en el manejo de los datos

Los datos una vez analizados tienen la promesa tecnológica de mejorar con recomendaciones las actividades de personas, optimizar negocios, apoyar al gobierno abierto, acelerar la investigación científica, no obstante, ya han ocurrido diversas faltas a la ética por diversas empresas.

Algunos de los casos son, la empresa norteamericana de papelería *Staples*[26], quienes ofrecían precios más bajos a compradores en línea que viven en vecindarios más ricos. El de *Google*, quién fue acusado por la Unión Europea por distorsionar resultados de búsqueda de internet en favor de su servicio de compras en línea y para antimonopolio contra su sistema operativo *Android*[27].

La falta de diversidad de acceso a información no sesgada por redes sociales como *Facebook* o *Twitter*, que en su momento favorecieron campañas de algunos presidentes de países en el Continente Americano[28], junto con la propagación de noticias falsas. Así como estos existen muchos más casos.

---

[26] Puede leer la nota completa en shorturl.at/orCGT
[27] https://europa.eu/rapid/press-release_IP-17-1784_es.htm
[28] shorturl.at/crPYZ

Estas situaciones evidencian los problemas éticos relacionados, entre otros, con la equidad, la neutralidad (pareciera inexistente por el buscador de *Google*), la falta de transparencia (el servicio de anuncios de *Google Ads*), el filtrado de diversidad o perfilado social para productos y servicios, la falta de privacidad, lealtad y verdad en los datos.

La ética es un segmento de la Filosofía que trata del bien y del fundamento de sus valores; en el manejo de los datos, sean públicos o privados, esta disciplina nos orienta en la legitimidad del uso de los datos de inicio, cuando no hay una legalidad explícita al respecto.

En los datos no todo lo que es ético es necesariamente legal, dado que por procesos normales la ley va atrasada con respecto al uso y evolución del manejo de los datos e información.

Es oportuno tener como encargados del área de manejo de datos (dado que los datos representan en buena medida personas o entidades) a los dueños o encargados del resguardo de los datos, en consecuencia, deben ser protegidos y garantizar que no sean utilizados de manera inadecuada, allanando en el hecho que la utilización no ética de los datos suele ser ilegal.

Similar al proceso administrativo, se debe utilizar dentro de la instrumentación formal de ética en el manejo de datos un orden de planeación, operación, dirección y control; teniendo como procesos que la ética debe cubrir el cómo se proveen o allegan los datos, cómo se almacenan, cómo se gestionan, se interpretan, analizan y destruyen.

Es necesario tener en la organización un marco que defina las metas de la ética en el manejo de los datos, que puede incluir desde la educación (incluso evangelización cuando no existe conciencia del valor de estos), definir el marco ético de los datos, alinear cultura y darle seguimiento al proceso, este marco parte de iniciativas de negocio u operativas.

Un proceso estándar para el ciclo de manejo ético de datos considera:

- En la planeación: analizar las prácticas en el manejo de los datos, determinar los principios, prácticas y posibles riegos.

- En el desarrollo: determinar la estrategia y táctica en el manejo de los datos, exponer y mitigar los riesgos detectados en la planeación, evangelizar y hacer explícito el tema ético de manejo de datos al personal.

- En dirección: fomentar y gobernar el manejo ético.

- En el control tener alineado y monitoreado el manejo de los datos.

La ética del manejo de datos es parte sustantiva del comité de gobierno de datos (también denominado en algunas organizaciones de alto capital intelectual, comité de gobierno de información), razón por la cual los participantes, debe estar el *CKO* (si este no fuera ya el que preside el comité), los custodios de datos, el director de tecnologías, especialistas del área de seguridad o reguladores dependiendo de la razón de ser de la organización en caso.

En un proceso evolutivo del manejo de los datos debe estar presente que estos, al ser insumos clave para la búsqueda de soluciones a problemas, representan hechos o elementos que incluyen (o pueden incluir) propiedad o privacidad, los cuales al ser procesados mediante modelos matemáticos pueden generar un sesgo, voluntario o no, de transparencia o lingüística, entonces este modelo ocuparía la posición del sujeto moral que es responsable de la acción ejecutada por el algoritmo, siendo que el sujeto responsable es el que programo dicho algoritmo, preparó los datos o autorizó el modelo.

El dilema presentado anteriormente, debe ser atendido a profundidad, dado que la automatización en el uso de datos y la posible autonomía de los algoritmos, con precaución al no ser abogado, debe establecer una característica o sujeto moral que resguarde estos nuevos escenarios, especialmente en áreas como la inteligencia artificial y el manejo de grandes volúmenes de datos.

En Europa este tema está estudiado en avance desde la perspectiva de los robots, siendo una fuente importante el Parlamento Europeo[29].

Desde el siglo pasado Davenport y Prusak[30], mencionaban a la ética desde una perspectiva de la ecología, es decir, los humanos y las organizaciones no simplemente administran los datos, sino que también participan en la creación e interacción de todo el entorno, su interacción

---

[29] Delvaux, M. (16 de febrero de 2017). Normas de Derecho civil sobre robótica. Resolución del Parlamento Europeo, de 16 de febrero de 2017, con recomendaciones destinadas a la Comisión sobre normas de Derecho civil sobre robótica. *Norma, No. 2015/2103 (INL)*. Bélgica.

[30] Davenport, T., y Prusak, L. (1997). Information Ecology: Mastering the Information and Knowledge Environment. New York: Oxford University Press.

con los datos se ve afectada y, a su vez, impacta en todo el ecosistema, por consecuencia, en su uso y aprovechamiento, que debiera ser ético.

Seguridad de datos

La seguridad de datos debe ser administrada de manera integral, es decir, debe considerar la planificación, desarrollo y ejecución de las políticas y procedimientos para proporcionar la debida autenticación, autorización, acceso y auditoria de los activos de datos e información.

El contar con políticas y procedimientos de seguridad de datos facilita que los puedan utilizar y actualizar los datos de la manera correcta y que todo el acceso y actualización no adecuada está restringida, sin dejar de lado que se deben acatar las reglas de privacidad y confidencialidad de la organización.

La estrategia y las normas de TI de las organizaciones son las que dictan las políticas de alto nivel para el acceso a los activos de datos organizacionales, teniendo participación y retroalimentación de un GD o al menos un comité de seguridad y política de datos, este último es multidisciplinario, es decir no únicamente personal técnico lo atiende, también áreas de dominio de conocimiento o negocio participa en el comité.

La integridad está vinculada a la seguridad, las organizaciones necesitan para estar al tanto del valor adjunto a los datos que poseen y asegurar que la integridad de estos datos permanezca intacta, especialmente si están almacenando datos en nombre de un cliente, de un ciudadano, de un socio de negocios o de cualquier tercero.

La integridad de los datos se enfoca en el mantenimiento, la garantía de la precisión y la coherencia de los datos durante todo su ciclo de vida. Es un aspecto crítico del diseño, implementación y uso de cualquier sistema que almacene, procese o recupere datos, por ende, que genere información y conocimiento.

Para tener otra referencia, el ISO 27000:2018 propone estándares y buenas prácticas internacionales para la seguridad de la información.

Asimismo, los pilares sustanciales de la familia 27000 son las normas 27001 y 27002, y cuya diferencia reside en que la norma 27001 se basa en una gestión de la seguridad de forma continua sustentada en la identificación de los riesgos de manera continuada ya que toma un proceso encaminado para constituir, instrumentar, desempeñar, seguir, inspeccionar, mantener y optimizar un sistema de gestión de la seguridad de la información de la organización; la 27002, es una referencia con buenas prácticas que relata una serie de objetivos de control y gestión que corresponderían ser alcanzados por las organizaciones (ISO, 2018).

La implantación de un sistema de gestión de seguridad de la información debe ser realizada de forma gradual, demarcada inicialmente a los procesos principales y las ubicaciones definidas, incluyendo además de la tecnología, el personal y los procesos de apoyo asociados.

Normalmente en organizaciones grandes existe un comité de seguridad de la información, el cual cuenta con responsabilidades y actividades tales como las de definir y aprobar una política general de seguridad de la información, revisar el modelo de seguridad de la información periódicamente y solicitar en su caso, los ajustes necesarios.

Comunicar y actualizar el modelo de seguridad de la información, incluyendo las políticas definidas, facilitar los recursos necesarios para implementar, mantener y mejorar el sistema de gestión de seguridad de la información para finalmente analizar y establecer labores frente a inobservancias de las políticas.

A nivel estratégico se tiene al comité de seguridad, a nivel táctico se hace la seguridad de la información, y a nivel operativo se realiza la seguridad informática y física.

Calidad de datos

De acuerdo con la Real Academia Española, la calidad es la propiedad o conjunto de propiedades inherentes a algo, que permiten juzgar su valor.

Operativamente la baja calidad de los datos, especialmente en términos de dimensiones semánticas / ontológicas, afecta gravemente la calidad de la información y el conocimiento inferidos de los sistemas de inteligencia empresarial y de soporte para toma de decisiones, o incluso para sistemas transaccionales normales.

Los datos de baja calidad son los datos que están por debajo de cierto umbral requerido por las aplicaciones que los utilizan.

Para una organización es complicado que logre obtener una calidad de datos sin tener previamente un discernimiento preciso de cómo deben ser y verse los datos de calidad. Existen una amplia variedad de formas de especificar la calidad de los datos, pero todas las definiciones tienen algunos puntos importantes en común.

Los datos son de alta calidad cuando satisfacen los requisitos de su uso previsto en la organización, los aspectos adicionales de los datos que las organizaciones pueden usar para determinar si sus datos satisfacen el uso previsto incluyen principalmente el cumplimiento de estas dimensiones de calidad:

- Consistencia: cuando los datos que está relacionada con la integridad de los datos con respecto a un conjunto de restricciones previamente definidas.

- Precisión: es la medida del grado en que los datos representan con fidelidad los objetos del mundo real a los que se refieren, puede clasificarse en dos niveles: semántico y sintáctico.

- Integridad: que representa el grado en que la información proporcionada por los datos es suficiente para realizar la tarea en cuestión.

- Relevancia: es la medida del grado en que los datos respaldan el propósito para el que fueron recopilados.

- Accesibilidad: es la medida del grado en que los datos están disponibles para su uso determinado, puede además referirse a la disponibilidad de los datos para su recuperación cuando tal necesidad ocurre.

- Seguridad: es la medida del grado en que los datos son accesibles sólo para las partes autorizadas y la disponibilidad de los medios para el control de estos.

Para definir y comprender la calidad de los datos, es necesario comprender e identificar la definición de la dimensión de la calidad de los datos. ¿Qué es una dimensión de calidad de datos? Una dimensión de calidad de datos es un término reconocido que caracterizar una característica de datos que puede evaluarse, medirse o valorarse en comparación con estándares definidos para establecer la calidad de los datos, estas dimensiones de calidad de los datos y los umbrales de las dimensiones asociadas en función de su contexto comercial, requisitos, niveles de riesgo, valor, entre otros.

Datos maestros

Los datos maestros pueden ser definidos como la información central de alto valor utilizada que da soporte a los procesos comerciales o institucionales críticos en una organización.

Generalmente incluye información sobre clientes, proveedores, socios, productos, materiales, ciudadanos, empleados, cuentas, investigación, análisis, reportes, normas o prácticamente cualquier cosa dentro del dominio operativo o de conocimiento de una organización.

Los datos maestros se utilizan principalmente en la gestión de relaciones con los usuarios, clientes, la retención de clientes y también para identificar clientes potenciales, principales riesgos, generación de documentos oficiales, ente muchas otras aplicaciones. Entonces estos son los datos consistentes y uniformes de entidades relativas a la operación de una empresa o institución, que describen las actividades centrales de una organizacionales.

Cada organización sigue su ciclo de vida de datos para crear, leer, actualizar y eliminar para administrar sus datos maestros. Lo que habilita tener un linaje de estos.

Dado que los datos maestros son un, o él, activo de información central compartida dentro de una organización, la administración de datos maestros se convierte en el núcleo de la estrategia de administración de información organizacional, y es necesario ejecutar una coordinación, normalmente vía un comité de gobierno de información o datos que le permita: identificar a las partes clave interesadas, obtener su apoyo, aprovechar la colaboración de los participantes, reunir los requisitos y asignar a las personas adecuadas, los roles y responsabilidades para que el proyecto sea un éxito y de valor para la organización.

Los datos maestros son datos sobre entidades operacionales (comerciales, de investigación o institucionales) que suministran contexto para las transacciones organizacionales (comerciales, de investigación o institucionales).

A diferencia de los datos de referencia, el valor de los datos maestros generalmente no se limita a los valores de dominio predefinidos, incluyen datos de partes, incluidos individuos, organizaciones y sus roles, como empleados, pacientes, clientes, abogados, investigadores, médicos, entre muchos más.

Los datos maestros son los datos más precisos y autorizados disponibles en entidades organizacionales de importancia, que se utilizan para definir el contexto de los datos transaccionales[31], reiterando que los datos transaccionales pueden ser para una operación financiera, el alta de un paciente en un hospital, la evaluación de un alumno en un acta, o la escritura de una sentencia legal, por mencionar algunos eventos transaccionales de distintos dominios.

Los datos maestros son los datos que describen las entidades más relevantes, en las que se basan las actividades de una organización como pueden ser competidores, modelos, productos o empleados. A diferencia de los datos transaccionales y de inventario, los datos maestros están orientados hacia los atributos, describen las características principales de los objetos en el mundo real.

---

[31] Mosley, M., Brackett, M. (2010). *The DAMA Guide to the Data Management Body of Knowledge (DAMA-DMBOK Guide)* (First Edition ed.). Bradley Beach, N.J.: Technics Publications.

Las entidades maestras individuales rara vez se cambian, por ejemplo, las propiedades de algún tipo de material, siendo entonces que las instancias de las clases de datos maestros son relativamente constantes, especialmente si se comparan con datos transaccionales. Los datos maestros, deben, si no es que ya lo son, la referencia para los datos transaccionales, no debería haber una transacción organizacional sin datos maestros[32].

La iniciativa de gestor de datos maestros (*Master Data Management* MDM) puede revelar el valor de los datos de la organización mediante la adaptación de las métricas a las cuales los interesados o usuarios prestan más atención, por ejemplo, indicadores clave de rendimiento que se relacionan con procesos comerciales clave.

El MDM se implementa en múltiples dominios tales como la manufactura, servicios financieros, atención médica, entre otros. Los datos maestros estables, precisos y coherentes pueden mejorar o aumentar directamente la efectividad operativa y reducir los costos. Similar a otros procesos, existen modelos de madurez que facilitan o determinan su implementación en las organizaciones, lo cuales repiten las cinco escalas de otros dominios de aplicación técnico.

Para instrumentar un MDM, no debe iniciar por elegir una herramienta tecnológica, debiera comenzar con la instrucción y generación de conocimiento de la relevancia de los datos maestros en los empleados.

---

[32] Otto, B. (2012). How to design the master data architecture: Findings from a case study at Bosch. *International Journal Information Management, 32* (4), 337-346.

En una aproximación de arriba hacia abajo, esta debe comenzar con la definición del modelo de datos, que conlleva a identificar el modelo del dato maestro, su escenario de aplicación y la definición de este.

La siguiente fase es determinar la calidad de los datos, comenzando con una evaluación de la calidad inicial de los datos, determinar y medir los impactos en la operación o negocio, estar consciente de las brechas de calidad que se tienen y cómo deben mejorar. Pudiendo ya crear el registro maestro o registro dorado.

Salvadas estas dos etapas, debe definirse la propiedad o responsabilidad de cada parte en su generación de datos, cómo se deben usar y sobre todo quién y cuándo deben consultar dichos datos.

Habiendo hechos operativos los datos, la seguridad y protección de los datos debe determinarse, desde temas triviales como niveles de servicio, fallas por virus, faltas de respaldo, entre varios más.

Finaliza el proceso con el mantenimiento, que considera el ciclo de vida del dato, su respaldo y almacenamiento físico.

La eficacia de un sistema de gestión de datos maestros y de su equipo humano debe medirse por la productividad obtenida, es decir, si medimos de la disponibilidad de datos (considerando de los datos generados los que sean interesantes para la consulta, medido del 0 a 1), por la calidad de los datos (los datos generados que tan rápido se obtuvieron y que tan completos y correctos son, también medidos de 0 al 1) y finalmente por el desempeño de consulta de datos (datos en tiempo real o el necesario, incluyendo datos agregados o no y con los datos ocupados, también en un índice del 0 al 1), este índice, nos puede indicar si tiende a ser 1, lo altamente eficiente del mismo.

Dado que no se tiene acceso a muchos MDM implementados, puede aseverarse, de manera exploratoria y teórica, que cualquier empresa que tenga un índice superior a 70% estará en un alto desempeño de productividad y eficiencia de su gestión de MDM.

Metadatos

El concepto fue propuesto e incluso registrado como marca registrada por Jack E. Myers en 1969 por su empresa, dónde proponía que los metadatos son los datos de los datos, de manera más precisa técnicamente hablando se puede decir que es la información estructurada que describe, explica, ubica o permite localizar, usar o administrar más información o datos; para los bibliotecarios, los metadatos son los elementos a través de los cuales se pueden describir y buscar recursos.

Cabe mencionar que en la bibliotecología a los metadatos los clasifican como descriptivos (aquellos que nos describen e identifican recursos de información, ejemplo el medio de publicación o sus dimensiones), estructurales (los que facilitan la navegación y presentación de recursos de formato electrónico, ejemplo página de título, tabla de contenidos, fe de erratas) y administrativos (los que facilitan la gestión y proceso de las colecciones, electrónicas o físicas, ejemplo como formatos de archivo, resolución de escaneo, propietario, fecha de registro de autor).

La importancia de los metadatos se revela en la gestión de la calidad de los datos o al ocuparse como base para procesos, ya que es necesario conocer todos los pormenores concernientes a los datos con los que se trabaja. Facilitando que las operaciones de descubrimiento y consulta de los datos se realicen de forma correcta.

Considerando un punto de vista técnico, de nuevo de un informático, los metadatos facilitan identificar los atributos técnicos de una base de datos (por ejemplo, longitud de campo) que se pueden aplicar sin tener que reconsiderar los parámetros de gestión cada vez que se recopila y almacena un nuevo elemento.

Si fuera un analista de negocio, procesos o programación, el tener metadatos mejora la comprensión de los procesos comerciales o de negocio que impulsan la recopilación y el uso de datos que el personal técnico mantiene en una base de datos, simplificando y acelerando el acceso y la recuperación de datos.

Aunque es natural y en ocasiones de sentido común, el metadato permite también identificar aquellos datos confidenciales o sensitivos, mejorando así la seguridad del sistema.

Un ejemplo informático de metadato es por ejemplo en un correo electrónico, la hora de envío o recepción, la fecha de envío, el formato de codificación, entre otros.

De manera similar en bibliotecología como en informática, normalmente estos son creados por el productor, el custodio o incluso es usuario del dato o información, aunque también es preciso mencionar que hay metadatos que tecnológicamente pueden ser creados conforme se interactúa con diferentes sistemas.

Si desea obtener mayor profundidad en el tema de metadatos desde la perspectiva seminal, puede consultar el libro Breviario de Metadatos publicado por el Archivo General de la Nación en 2016[33].

Otra aproximación para los metadatos, de acuerdo con la *National Information Standards Organization* es la que indica que es la información que describe, identifica, expresa o precisa un recurso con el objetivo de facilitar su recuperación, uso o administración, o como un dato acerca de otro dato o información sobre información[34].

Los sistemas tradicionales que permiten el análisis de datos para apoyar la toma de decisiones incluyen cada vez más fuentes no estructuradas que, aunque no son controladas y heterogéneas, donde los metadatos dan una posibilidad de proveer más valor a dichos análisis.

Los metadatos también están siendo más ocupados para facilitar conjuntos de datos de datos abiertos de gobierno, que de manera descriptiva describan los catálogos (mediante descripción, etiquetas, palabras clave, fecha, términos de uso), acelerando el desarrollo de

---

[33] Barnard, A., Delgado, A., y Voutssás, J. (2016). *Breviario de Metadatos. Cuadernos Digitales de Archivística. 4.* Ciudad de México: Archivo General de la Nación.
[34] National Information Standards Organization. (2004). *Understanding metadata. Technical report.* Bethesda: NISO Press.

vocabularios semánticos para gobierno abierto, un tema novedoso al ser una capa basada en ontologías de vocabularios que vinculan los conceptos del sector público.

Lo anterior facilitaría el descubrimiento de datos, donde un experto del dominio determina el vocabulario (a manera de glosario) y un especialista en ontologías utiliza estos términos hacia un modelo ontológico.

De manera sencilla y gráfica puede verse que los metadatos ontológicos toman un flujo.

Ilustración 9 Flujo de generación de conocimiento, con metadatos. Fuente: adaptado de Křemen.

Esto es pertinente para áreas legales, como referencia en Europa, las leyes checas y europeas[35], haciendo un seguimiento de la base legal de las actividades de la administración pública, reutilizan la terminología de las leyes e introducen nuevos términos no cubiertos por las leyes.

Dado que las actividades realizadas dentro de estas actividades terminan con conjuntos de datos, estos conjuntos de datos deben reutilizar tanto como sea posible la terminología de la organización, haciendo que los conjuntos de datos cumplan semánticamente con las leyes para hacer cumplir y controlar este flujo de conocimiento, especializado o popular (recuerde las folksonomías).

En un proyecto de almacenamiento de datos, la documentación es tan importante como el proceso de implementación. Esto se debe a que un proyecto almacenes de datos a menudo es grande, implicando que no todos los involucrados son realmente consecuentes de todo lo que se utilizará en el proyecto, aquí los metadatos son un elemento fundamental, ya que se utilizan para explicar otros datos y describir el entorno del almacén de datos.

Los metadatos tienen los siguientes objetivos para el almacén de datos, que se verá en el siguiente capítulo: describir recursos, recuperación y trasmisión de información; conservación y retención; gestionar a los usuarios y agentes, sus propiedades y permisos de acceso.

[35] Křemen, P., Nečaský, M. (2018). Improving discoverability of open government data with rich metadata descriptions using semantic government vocabulary. *Web Semantics: Science, Services and Agents on the World Wide Web* (55), 1-20.

Almacén de datos

El almacén de datos es un repositorio que contiene datos integrados desde diferentes sistemas, los cuales se recuperan y coleccionan periódicamente, estos datos se acumulan en un almacén de datos dimensional o normalizado.

El almacén de datos generalmente recopila datos históricos que pueden consumirse para análisis o inteligencia de negocios y procesos de minería de datos. Generalmente estos se actualizan en procesos por lotes con intervalos predefinidos, por lo que no es necesario que se active para que cada transacción ocurra en sistemas transaccionales.

Existen dos personajes famosos en esta arena del almacén de datos William H. Inmon y Ralph Kimball, quienes proponen dos tipos de almacenes de datos; Inmon con un diseño de arriba hacia abajo, es decir un almacén de datos empresarial, donde primero se normaliza el modelo de datos y luego los mercados de datos por dimensiones; en el caso de Kimball el planteó un diseño de abajo hacia arriba, en donde los *data marts* facilitan los reportes y análisis primero, para luego ser combinados y crear un *data warehouse*.

Decidir cuál es mejor es complicado, depende de los objetivos de negocio de cada organización, así como la dependencia sistémica de la organización.

De manera superficial se puede opinar que el modelo de Kimball es más rápido de implementar, con bajo costo inicial y el nivel técnico requerido es básico, dado que se enfoca a integrar áreas de negocio individuales, pero el mantenimiento es difícil y redundante.

El modelo de Inmon consume mayor tiempo en el diseño, lo que hace más sencillo el mantenimiento, pero con un costo de inversión inicial alto, sin embargo, facilita una visión holística de la organización.

Para tener una definición de acuerdo con William H. Inmon, un almacén de datos es una recopilación de datos no volátil, orientada por temas, integrada, con variación temporal y para apoyo del proceso de toma de decisiones ejecutivas.

Suele mencionarse que los mercados de datos se ocupan principalmente en las decisiones tácticas de la organización, siendo el almacén de datos utilizado entonces en los análisis estratégicos (Mosley y Brackett, 2010).

La necesidad de tener un almacén de datos en la organización suele iniciar por la parte de negocios que requiere obtener información relevante, de alta calidad y que esté al alcance de toda la organización.

Generalmente hay tres enfoques para construir un almacén de datos:

- Arquitectura centralizada: un almacén de datos integrado, que extiende la potencia de procesamiento disponible.

- Arquitectura de federación: distribución de información por áreas organizativas o dominios de conocimiento.

- Arquitectura en capas: datos altamente reducidos en un servidor, datos resumidos de nivel intermedio en una segunda capa y datos más detallados en una tercera capa. Los datos en la primera capa se pueden optimizar para una gran carga de usuarios y bajos volúmenes, mientras que la otras capas son más adecuadas para manejar grandes volúmenes de datos.

Dentro de los almacenes de datos, existen otros conceptos importantes como lo es la tabla de hechos, la cual tiene dos tipos de columnas: claves foráneas para las tablas de dimensiones y mide aquellas que contienen hechos numéricos. Una tabla de hechos puede contener datos de hechos en detalle o nivel agregado.

El otro concepto son las tablas de dimensiones: donde una dimensión es una estructura, compuesta de una o más jerarquías que clasifican los datos. Si una dimensión no tiene jerarquías y niveles, se denomina dimensión plana o llana.

Las llaves principales de cada una de las tablas de dimensiones forman parte de la llave primaria compuesta de la tabla de hechos. Los atributos dimensionales ayudan a describir el valor dimensional. Normalmente son valores descriptivos y textuales. Las tablas de dimensiones son generalmente de menor tamaño que las tablas de hechos.

A partir de una perspectiva de arquitectura, los almacenes se manejan entres esquemas bien conocidos:

- Esquema de estrella: es el más simple. Se llama esquema de estrella porque el diagrama se asemeja a una estrella, con puntos que irradian desde el centro. El centro de la estrella consiste en la tabla de hechos y los puntos de la estrella son las tablas de dimensiones. Por lo general, las tablas de hechos en un esquema en estrella están en tercera forma normal (3NF) para reducir la duplicidad de datos y asegurar la integridad referencial, mientras que las tablas dimensionales están sin normalizar.

- Esquema de copo de nieve: almacena exactamente los mismos datos que el esquema en estrella, la tabla de hechos tiene las mismas dimensiones que en el ejemplo de esquema de estrella. La diferencia más importante es que las tablas de dimensiones en el esquema de copo de nieve están normalizadas. En términos de complejidad, la consulta del esquema de copo de nieve es más compleja. Debido que las tablas de dimensiones están normalizadas, es necesario profundizar para obtener el nombre del tipo a analizar. De hecho, debe agregar otro JOIN para cada nuevo nivel en la misma dimensión. Por otro lado, en el esquema en estrella, sólo se une la tabla de hechos con las tablas de dimensiones que sean necesaria. Como máximo, únicamente se tendrá una tabla JOIN por dimensión

- Esquema de constelación: esta contiene múltiples tablas de hechos que comparten muchas tablas de dimensiones. El principal inconveniente del esquema de constelación de hechos es el diseño más complicado dado que se deben considerar y seleccionar variantes tipos particulares de agregación, manteniendo las tablas de dimensiones grandes.

En el proceso de almacenes o mercados de datos, existe un proceso de extracción, transformación y carga (*Extraction, transformation, load* ETL) de datos del sistema de base de dato, estos datos se procesan, modifican y posteriormente se cargan en otra base de datos, en el almacén o mercado de datos, siendo este un proceso determinante para un buen repositorio. Existe también la variación conocida como ELT, es decir extraer, cargar y luego transformar, cuya diferencia como podrá observar, depende de dónde se transforman los datos y cuántos datos se retienen en almacenes de datos operativos.

Un concepto de mercadotecnia que ha permeado y por su amplia difusión por los fabricantes de almacenamiento en disco, es el de lago de datos (*data lake*) y suelen empatarlo con el de almacén de datos.

El almacén de datos conserva únicamente los datos previamente analizados a partir de fuentes específicas y que pueden utilizarse; en el caso del lago de datos, este almacena y resguarda todos los datos, no sólo los que podrían utilizarse actualmente y aquellos que podrían necesitarse en un futuro.

Históricamente el almacenamiento era demasiado costoso, y los almacenes de datos depuraban los datos conforme el tiempo dado que tenía un alto costo su utilización, los lagos de datos eran discos "baratos", esto ha evolucionado tanto que no es tan amplia la diferencia en el costo hoy día.

En ciertas industrias donde las arquitecturas de híper convergencia han permeado desde hacer mediados de la década pasada, el costo de almacenamiento de almacenes y lagos de datos es prácticamente el mismo.

El auge de los lagos de datos se debió a su flexibilidad para tener cualquier tipo de datos y que este fuera analizado por los llamados científicos de datos, vía sus sistemas de pruebas (*sandbox*), en el cual estos pueden probar sus modelos de negocios innovadores sin estar sujetas a las medidas de control habituales de estructurar datos.

Grandes volúmenes de datos (*Big data*)

La integración de grandes volúmenes de información implica la consolidación de fuentes de datos estructuradas, no estructuradas y contenido de las diversas áreas de la organización, incluidas las fuentes externas.

El *big data* no es una única tecnología, es una combinación de tecnologías, cuya función es facilitar la administración de grandes volúmenes de datos con formatos diferentes a la velocidad correcta, dentro de un tiempo adecuado, con un análisis en tiempo real que permita reaccionar o tomar decisiones y, sobre todo, que aporte valor a la organización.

Históricamente diversos autores dicen que el *big data* tiene cuatro características principales:

- Volumen: cuántos datos se tienen.

- Velocidad: qué tan rápidos los datos son procesados.

- Variedad: cuántos tipos o formatos distintos de datos llegan a mi organización.

- Veracidad: qué tan completos y consistentes son los datos que tiene la organización.

Adicional a lo anterior se sugiere incluir y considerar cuatro características más, pero, particularmente considerar la primera:

- Valor: ¿El dato aporta valor al negocio? ¿Es relevante? Si no es relevante, no lo envíe, guarde o utilice.

- Viralidad: la tendencia de una imagen, video o pieza de información de que se distribuirá rápida y ampliamente desde un usuario de internet (o de la organización) a otro.

- Viscosidad: que tan rápido fluyen los datos dentro de la organización.

- Variabilidad: que tanto cambian los datos conforme al contexto.

Fuente: Dr. Daniel Trejo Medina®

Ilustración 10 Capas de big data.

Con base en lo anterior puede indicarse que los grandes volúmenes de datos *big data* es la suma del conjunto de datos estructurados, no estructurados, contenido, interno y externo que en gran cantidad y variedad pueden una vez analizados aportar valor en la toma de decisiones de una organización.

El manejo de grandes volúmenes de datos suele basarse en una arquitectura operativa que debe o puede contener diversas capas; dichas capas permiten o deben permitir que conforme la cantidad de datos crezca, estos puedan dar respuesta a análisis con datos de acceso rápido, o análisis de datos con analíticos masivos, o lograr un procesamiento de datos que facilite llegar a un conocimiento profundo de la organización.

Una de las creencias erróneas en personal técnico es considerar que la infraestructura es el *big data*; la infraestructura física es necesaria e importante para procesar, pero el almacenamiento, procesadores o red son la capa física, la cual puede o no ser redundante, y su propósito debe ser el proporcionar dar una capacidad de aprovechamiento y procesamiento de los datos.

Fuente: Dr. Daniel Trejo Medina®

Ilustración 11 Analogía de capas de big data y dinero.

Minería de datos y descubrimiento de conocimiento

La minería de datos en realidad es parte del proceso llamado descubrimiento de conocimiento en base de datos (en inglés: *Knowledge Discovery in Databases* KDD), la minería de datos procura encontrar un modelo (patrón en los datos) válido, útil y comprensible que represente patrones de acuerdo con los datos e información.

El KDD sigue tradicionalmente las siguientes etapas: integración y abstracción del escenario, elección de datos, limpieza, engrose y procesamiento de datos, transformación de los datos, elegir las actividades de minería de datos (clasificación, regresión o agrupación) incluyendo la elección y aplicación del algoritmo que hallarán el patrón que se busca, evaluación e interpretación y entendimiento del conocimiento.

El aprendizaje automático y la minería de datos a menudo emplean métodos similares y se superponen, pero mientras que el aprendizaje automático se centra en el pronóstico, como se mostrará más adelante, basándose en propiedades conocidas aprendidas de los datos de entrenamiento, la minería de datos se enfoca en el descubrimiento de propiedades anteriormente desconocidas en los datos (esto es el análisis del descubrimiento de conocimientos en bases de datos).

En los modelos que se ocupan en la minería de datos consideran la realización de tareas de agrupamiento, categorización, mapeo y clasificación, detección de desviaciones, anomalías, casos extremos y dependencias, y como ya se había mencionado, regresiones.

Gobierno de datos.

Al gobierno de datos se le puede definir como la gestión que asegura mediante el control y ejercicio de autoridad, el tener procesos, roles, políticas, estándares y métricas que certifican el uso eficaz y eficiente de la información o datos para que estos sean disponibles, usables, íntegros y seguros, de tal manera que permitan a la organización alcanzar sus objetivos de negocio o sustantivos[36].

En general la organización debe considerar que el dato es un activo y debe ser tratado como tal. Independientemente de la organización que se trate, el tener datos limpios, completos, precisos, utilizables y seguros para satisfacer criterios de disponibilidad, usabilidad, integridad y seguridad para la toma de decisiones es fundamental.

El gobierno de datos es una función y razón estratégica, debe ser dirigida y orientada por el negocio o el área sustantiva, sin embargo, la poca cultura informática ha derivado que se delegue en áreas técnicas su implementación, la cual, sin el adecuado acompañamiento, pueden obtener resultados poco deseados. Es conveniente profundice en el

---

[36] Trejo Medina, d (2019). *Administración, gobernanza del conocimiento y datos.* México: DIDAC.
Trejo Medina, d (2020). *Gobierno de datos para directores.* México: DIDAC.

tema independientemente del perfil de negocio o técnico que el lector tenga.

Tipos de datos y sus escalas

Generalmente, hay cuatro tipos de datos asociados con cuatro escalas primarias, las cuales son: nominal, ordinal, intervalo y razón.

- La escala nominal se usa para describir categorías en las que no hay un orden específico, variables nombradas. Ejemplo: género, estado civil, lugar de nacimiento.

- La escala ordinal se utiliza para describir categorías en las que hay un orden inherente, azul, oro, verde, blanco, los cuales son colores que no están supeditados a un orden. Suelen tener un orden lógico y son mutuamente excluyentes.

- El intervalo se utiliza para transmitir información de magnitud relativa, como la temperatura, evaluaciones académicas, rangos, establecen un orden y distancia, con un tamaño constante ente los valores que tiene.

- La razón, comunica información en una escala absoluta, el cero representa la ausencia de la característica, ejemplos la estatura y el peso de una persona, la distancia entre dos puntos, el número de pacientes por COVID-19.

El propósito del análisis estadístico es conseguir el significado de conjuntos de datos que nos permitan describir patrones de datos y las relaciones entre variables.

Para conseguirlo, se debe logra resumir y diseñar conjuntos de datos de forma que permita utilizar métodos de análisis más avanzados. Entre los métodos básicos de estadística, están el teorema del límite central, los intervalos de confianza, la prueba de hipótesis y el análisis de varianza (ANOVA).

Otros métodos, son los de análisis de regresión, siendo este posiblemente una de las técnicas estadísticas más comúnmente utilizadas y mal empleadas en las organizaciones (empresas especialmente), así como otras disciplinas de investigación.

La regresión se suele ocupar en el análisis empresarial por una o más de las siguientes razones:

- Puede pronosticar la variable de respuesta para un nuevo caso en función de los datos regresores. Si la variable de respuesta y los regresores tienen una distribución normal conjunta, entonces la regresión es una función lineal de los regresores.

- Estudiar el impacto de un regresor sobre la variable respuesta manteniendo fijos los demás regresores. Un ejemplo, conocer en el impacto de un año de experiencia y capacitación en la producción de una persona de 30 años.

- Para verificar si los datos apoyan ciertas creencias (hipótesis).

- Utilizar como resultado intermedio en análisis posteriores.

- Para calibrar un instrumento.

Además, algunos elementos que han popularizado a la regresión lineal son, por ejemplo, aunque el modelo no es lineal en los regresores, a veces las transformaciones adecuadas en los regresores o la variable de respuesta, o ambas, pueden conducir a un modelo de regresión lineal. La regresión puede que no resulte en una función lineal, pero, una función lineal puede ser una buena aproximación en una pequeña franja enfocada de la superficie del regresor. El usar la metodología desarrollada para la regresión lineal puede actuar también como una buena primera aproximación para la metodología de un modelo no lineal. Otra opción para el análisis es utilizar a la regresión logística, siendo una técnica útil para predecir variables dependientes categóricas (tanto binarias como multinomiales).

La regresión logística predice la probabilidad más que el evento en sí mismo, a diferencia de la regresión lineal, asegura que la probabilidad permanece entre los límites, es decir, 0 y 1.

La regresión logística es más adecuada para el pronóstico cuando la mayoría de las variables explicativas son de naturaleza métrica. Si bien la función logit binaria se puede usar para predecir variables categóricas que pueden tomar solo dos valores, la técnica se puede extender fácilmente a variables que toman más de dos valores.

El modelo logístico multinomial también se puede utilizar para predecir variables que son de naturaleza ordinal.

Modelado

"Todo lo que se puede contar, no necesariamente cuenta; todo lo que cuenta no necesariamente se puede contar". Albert Einstein.

Un modelo es definido como un sistema de postulados, datos e inferencias presentado como una descripción matemática de una entidad o estado de cosas[37], en consecuencia, se puede aseverar que el o los modelos no son exclusivos de las matemáticas, economistas, actuarios o ingenieros.

Modelado de datos

El modelado de datos es una parte sustantiva de una organización en la cual ocupa la capacidad para analizar y extraer valor de sus datos, en todo su ciclo, desde la recolección hasta el consumo,

Un modelo de datos determina cómo se exponen los datos al usuario final, el crear y estructurar de manera óptima las tablas de las bases de datos para dar respuesta a las preguntas de negocio es el objetivo

---

[37] Model. 2020. En Merriam-Webster.com. Recuperado el 9 de mayo de 2020, de https://www.merriam-webster.com/dictionary/model

adecuado y principal del modelado de datos, ya que habilita el escenario para conseguir un análisis de datos viable al exponer al usuario final a los datos más relevantes que demandan.

No se debe confundir el modelado de datos, con el análisis de datos, si bien hay cierta intercalación entre el modelado de datos y el análisis de datos (los campos deben entenderse para ser mapeados o tabulados correctamente, o analizar el rendimiento del modelo de datos como un todo), el modelado de datos busca optimizar el proceso implementado para entregar datos limpios y utilizables para el análisis.

Existen diversas maneras de modelar datos; modelado relacional, multidimensional, orientado a objetos, basado en grafos (redes y jerárquicos), lógicos, semántico.

Para fines de la inducción que considera este texto, se concluye que el modelado de datos es el mecanismo formal que la organización utiliza para representar y manipular los datos e información de manera sistémica y general, realizando la descripción de datos, sus reglas de integridad y las operaciones que sobre estos se realizarán.

Modelo estadístico

El modelado estadístico es una forma simplificada, matemáticamente formalizada, de aproximarse a la realidad (que genera los datos) y, opcionalmente, hacer pronósticos a partir de dicha aproximación.

Los modelos estadísticos suelen mantener variables explicativas y variables dependientes. La variable dependiente es aquella que se busca describir, explicar, o predecir; normalmente la variable dependiente es la representada en el eje Y.

Las variables explicativas, también designadas variables independientes, son aquellas que se ocupan para explicar, describir o predecir las variables dependientes, estas variables explicativas generalmente se representan en el eje X.

Tanto las variables dependientes como las explicativas pueden ser una o varias, cuantitativas o cualitativas. Se han desarrollado modelos adaptados a las diferentes situaciones.

De manera general en los modelos tradicionales de estadística, los paramétricos, las variables dependientes están vinculadas a las explicativas a través de una ecuación matemática, o modelo, que implica cantidades denominadas parámetros del modelo.

Los cálculos en el modelado estadístico conforman la estimación de los parámetros del modelo, así como as posteriores predicciones de la variable dependiente.

En lo modelos estadísticos también se tienen errores, o residuos, los cuales son las distancias entre los puntos que representan los datos y el modelo, dado que es la variabilidad que el modelo no ha podido representar.

Simulación

A vuelo de pájaro puede mencionarse que un modelo de simulación es aquel donde se construye una muestra del negocio en una computadora, normalmente bajo tres propósitos generales.

El primero es modelar una situación empresarial existente, para para buscar comprender impacto de realizar un cambio en este y finalmente percibir cuál puede ser la intervención óptima. Ejemplo, una empresa de fabricación está interesada en crear un modelo de simulación para representar su sistema de producción actual y comprender dónde están los cuellos de botella y dónde se puede acumular el material.

Se puede crear un modelo para comprender el impacto de realizar un cambio dentro del proceso o aumentar la capacidad de una máquina en particular en su línea de producción, posteriormente puede utilizar este modelo de simulación para comprender el flujo de proceso óptimo en su instalación de producción.

La simulación es eficaz cuando existe una relación no lineal entre las variables aleatorias de entrada y salida, para construir un modelo de simulación, debe especificar las variables de decisión y sus rangos, las variables aleatorias de entrada y sus distribuciones, y describir cómo la salida depende de las decisiones, así como de las entradas.

La salida de una simulación suele ser aleatoria ya que se trabaja normalmente con una muestra aleatoria de la entrada y aproximada ya que se implementa con una muestra finita de entrada. Por lo tanto, los resultados del modelo de simulación deben interpretarse cuidadosamente utilizando conceptos de la teoría del muestreo estadístico.

Optimización

En ingeniería uno de los cursos básicos es el de programación lineal como método de optimización, el sustento elemental detrás de cualquier modelo de optimización es hallar la "mejor" solución (óptima), con respecto a algún objetivo, entre todas las soluciones factibles.

El objetivo depende de un problema del mundo real, el cual se está modelando, que se representa como una función matemática que captura el equilibrio entre las decisiones que deben tomarse.

Las soluciones factibles dependen de las restricciones especificadas en el problema del mundo real y también están representadas por funciones matemáticas, para posteriormente mediante un programa matemático general se busque identificar un punto extremo (es decir, mínimo o máximo) de una función matemática que satisface un conjunto de restricciones.

La programación lineal es la especialización de la programación matemática en la que función objetivo, como las restricciones del problema son lineales. El algoritmo *Simplex* es uno de esos procedimientos computacionales más reconocidos en la programación lineal, y se le atribuye el desarrollo del algoritmo Simplex a George Dantzig.

Pronóstico

La analítica de pronóstico (en inglés *forecasting analytics*) es un subconjunto de la analítica predictiva que se enfoca en las predicciones sobre el futuro, sin necesariamente considerar a los ejercicios de predicción típicos del tipo de análisis de regresión que apuntan al "santo grial" de la causalidad.

Dentro del pronóstico, no se subestima la importancia de la causalidad, pero puede trabajarse sin esta, el analítico de pronóstico es el uso extensivo de datos y modelos cuantitativos, así como la gestión y el juicio basados en la evidencia para producir estimaciones, rutas, predicciones y escenarios de densidad y puntos alternativos para el futuro.

El pronóstico es clave para un proceso de previsión industrial y empresarial eficaz y eficiente, al ser probablemente la parte más difícil del trío básico de los analíticos: análisis descriptivo, prescriptivo y predictivo.

Entre las técnicas cuantitativas, las cuales se basan principalmente en datos, modelos estadísticos y técnicas de estimación para el pronóstico y son los elementos básicos del proceso de soporte para la toma de decisiones de negocio, la planificación organizacional y la gestión, utilizan patrones históricos a partir de series de tiempo para realizar su predicción de valores.

Estos patrones históricos que se hallan en los datos se dividen en varios componentes utilizando los métodos de promedios móviles y análisis de auto correlación, este proceso se llama descomposición de patrones y series de tiempo.

Los datos generalmente se dividen en componentes estacionales, de tendencia, cíclicos e irregulares o de error, donde cada componente se analiza por separado y, los componentes del ciclo de tendencia se utilizan para pronosticar.

Series de tiempo

Los datos de una serie de tiempo pueden consistir en fluctuaciones estacionales, una tendencia, un cambio cíclico y componentes irregulares; se recopilan, observan o registran en intervalos de tiempo regulares (diario, semanal, semestral, anual, entre otros), por ejemplo, las ventas anuales totales, alumnos aprobados por asignatura, el valor trimestral total de contratos de obra pública otorgados, el valor trimestral del Producto Interno Bruto.

Método ingenuo

Un método ingenuo asume que no hay estacionalidad ni ciclo de tendencia en los datos y simplemente establece la última observación real disponible como el pronóstico puntual para períodos en el futuro.

Promedios simples y móviles

Un promedio simple es fácil de calcular, sin embargo, pasa por alto las tendencias y los cambios recientes en la serie.

Los promedios móviles son una forma sencilla de suavizar la estacionalidad y el ruido en una serie para revelar la señal subyacente de la tendencia utilizada para el pronóstico. En la versión más simple, el pronóstico para los períodos futuros se establece igual al promedio de las observaciones de los *k* períodos pasados.

Método de suavización exponencial simple.

En este método se asume la ausencia de tendencia y estacionalidad en los datos. A Robert Brown se le atribuye el desarrollo de este método; este modelo de pronóstico se aplica a series de tiempo estables, pero no es sugerido con series de tiempo que presentan tendencia y/o estacionalidad.

Suavizado exponencial de Holt

Charles C. Holt en 1957, amplió el suavizado exponencial simple al suavizado exponencial lineal para permitir el pronóstico de datos con tendencias, este último funciona de manera muy similar a un suavizado único, excepto que los dos componentes deben actualizarse en cada período, a saber, el nivel y la tendencia. Esos métodos son aplicados comúnmente a problemas de inventarios: gran cantidad de producto con baja rotación, y poco del que, si rota, con bastantes puntos de ventas y amplias referencias en productos de consumo masivo.

Modelo Theta

Esta metodología proporciona un procedimiento para explotar los componentes de información de datos útiles incorporados en forma de comportamiento a corto plazo y tendencia a largo plazo antes de aplicar un método de pronóstico. La idea es modificar la curvatura local de la serie temporal antes de pronosticar. Un ejemplo típico es del sector financiero, la estimación de la demanda de billetes de forma desagregada, por sucursal y denominación, junto con el pronóstico mensual a meses, para la planeación de dispersión de remesas regionales o nacionales.

Otros procesos de series de tiempo

Marcos de referencia con modelos autorregresivos integrados de media móvil (en inglés: *autoregressive integrated moving average* ARIMA):

Los modelos de extrapolación que se utilizan con mayor frecuencia y ampliamente en la predicción con muchos datos y, entre ellos, los enfoques de predicción de suavizado exponencial han sido el método más popular.

Existen más avances en los enfoques de pronóstico cuantitativo y la clase de modelos se basan en el marco de modelo autorregresivo de media móvil (en inglés: *autoregressive–moving-average*ARMA), el método bayesiano de pronóstico, los modelos de espacio de estados y la aplicación de redes.

Pronóstico de la demanda intermitente

En términos simples, el pronóstico de la demanda es la ciencia de predecir la demanda futura de productos y servicios en todos los niveles de una organización, ya sea una tienda, una región, un país o el mundo.

El método de suavizado exponencial simple asume una probabilidad constante de ocurrencia de valores distintos de cero que a menudo no se cumple, lo que lleva a contar datos o series intermitentes). En la industria, con base en un estudio realizado en Estados Unidos de América (EUA), se considera que del 60% de las unidades de almacenamiento o bodegas pueden caracterizarse como intermitentes[38] La demanda intermitente se caracteriza por llegadas poco frecuentes y tamaños de demanda variables cuando llega a ocurrir la demanda.

Para la operación pueden tenerse dos cuestionamientos: ¿Cuándo se realizará el próximo período de demanda? Y, una vez que se cumpla la demanda, ¿Cuál será el volumen de esta demanda? La técnica básica es combinar diferentes bloques de tiempo y se han propuesto diferentes métodos para hacerlo. El método de suavizado exponencial simple no tiene un desempeño adecuado en casos de demanda intermitente estocástica.

Con base en lo anterior Croston[39] desarrolló una metodología para pronosticar tales casos y sugirió la descomposición de series intermitentes en observaciones distintas de cero y los intervalos de tiempo entre valores distintos de cero sucesivos. Las dos series, a saber, la cantidad y los intervalos, se extrapolan por separado. Se realiza una actualización tanto para la cantidad como para la serie de intervalos solo después de que ocurre un valor distinto de cero en la serie de cantidades.

---

[38] Johnston, F. R., Boylan, J. E. y Shale, E. A. (2003). An examination of the size of orders from customers, their characterization and the implications for inventory control of slow moving items. *Journal of the Operational Research Society*, 54(8), 833–837.
[39] Croston, J. D. (1972). Forecasting and stock control for intermittent demands. *Operational Research Quarterly*, 23, 289–303.

Método de bootstrapping

El bootstrap como método fue conceptualizado y descrito sistemáticamente por Bradley Efron[40], se trata más que de una técnica o modelo específico, de un método general a partir del cual pueden cubrirse diferentes objetivos de análisis de datos, incluyendo la estimación de intervalos de confianza o la prueba de significación estadística. El método permite aproximar la distribución de muestreo de un estadístico y de sus propiedades mediante un procedimiento muy simple: crear un gran número de muestras con reposición de los datos observados.

A menudo, la tarea de pronosticar la demanda durante un plazo de entrega fijo, en este caso se utilizan extracciones de muestra para crear una distribución aproximada. El ejemplo tradicional es el de pronóstico de la demanda de piezas de automóvil para el siguiente trimestre.

El lector debe considerar que, a nivel estratégico, generalmente buscamos horizontes de pronóstico que van más allá de un año e involucran el impacto de eventos raros (como grandes crisis internacionales como la reciente en relación con los precios de la energía, el sistema crediticio internacional, o la pandemia de COVID), desarrollo de nuevos productos, retiros de productos, modificaciones de capacidad y planificación de escenarios.

---

[40] Efron, B. (1979). Bootstrap methods: Another look at the jackknife. *The Annals of Statistics*, 7,126.

Datos de conteo, modelo de regresión de Poisson

La distribución de Poisson fue propuesta por Siméon Denis Poisson en 1837, cuando publicó un trabajo en el que presentó una nueva distribución para el cálculo de probabilidades aplicado al ámbito penal. Poisson encontró que cuando el tamaño de una muestra es grande y la probabilidad de ocurrencia de un evento es pequeña, el valor esperado $\mu=np$ tiende a una constante

La regresión de Poisson tiene la particularidad de que la variable dependiente se ajusta bien a una distribución Poisson para cualquier combinación de valores de la variable independiente (en una regresión de Poisson simple) o de las variables independientes (en una regresión de Poisson múltiple). Ocupado para modelar datos de conteo (número de veces que ocurre cierto fenómeno aleatorio).

Con la regresión de Poisson pueden ocurrir dos incidentes: dispersión y ceros excesivos. La distribución de Poisson tiene la propiedad de que la media es igual a la varianza. Sin embargo, no pocas veces los datos muestran el fenómeno de sobre dispersión, lo que significa que la varianza (condicional) es mayor que la media (condicional).

Una razón de lo anterior es la heterogeneidad omitida o no observada en los datos o una especificación incorrecta del modelo que no utiliza la forma funcional correcta de los predictores o no incluye términos de interacción.

El segundo problema potencial es el exceso de ceros en los recuentos, que es más de lo que se espera de una distribución de Poisson, denominada inflación cero. La implicación de esta situación es que los errores estándar de las estimaciones de regresión y sus valores p son pequeños.

Existen múltiples aplicaciones, desde el pronosticar resultados de partidos de futbol a partir de goles, paridos jugados; pronosticar accidentes viales; analizar el impacto de la alimentación en la infección de COVID-19, incluso en México hay varios estudios del impacto - positivo- del desaparecido Seguro Popular[41], con base en el número de consultas externas.

Modelos de supervivencia

Esta técnica inferencial tiene como objetivo modelar el tiempo que se tarda en que ocurra un determinado evento, la muestra consiste en el seguimiento de una serie de sujetos desde el inicio del análisis hasta su final, siendo posible que se produzca la desaparición de alguno de esos sujetos que están dentro del análisis, a estos sujetos se les designa como censurados.

Un dato censurado representa, a un sujeto que desaparece antes de que ocurra el evento que estamos analizando, este dato censurado no es un dato que no nos dé información, la ofrece de manera parcial.

---

[41] Salinas-Rodríguez, A., Sosa-Rubí, S.y Manrique, B. (2009). Análisis estadístico para datos de conteo: aplicaciones para el uso de los servicios de salud. *Salud pública de México*. (51) 5, 397-406. DOI 10.1590/S0036-36342009000500007.

El análisis de supervivencia puede proporcionar información y una mejor comprensión de los patrones de comportamiento de un cliente en función de sus perfiles e indicadores clave de rendimiento, principalmente en lo que respecta a la tasa de abandono en telecomunicaciones, la deserción, el patrón de compra de productos, las reclamaciones de seguros, el incumplimiento de pago de tarjeta de crédito, el costo del valor del cliente para la contribución al negocio, la estimación de valor aportado por un empleado, entre otros.

Se puede utilizar para calcular valores para el ciclo completo de vida del cliente, desde la perspectiva de la empresa, en función de sus comportamientos pasados y contribuciones a un negocio, que a su vez se pueden utilizar para ajustar campañas.

Método de Kaplan Meier

También es conocido como fórmula de límite de producto, este explica la censura, presenta las características curvas de supervivencia de "escalera".

Produce una representación gráfica intuitiva de la curva de supervivencia, se basa en los tiempos de los eventos individuales y en la censura de la información.

La curva de supervivencia se define como la probabilidad de sobrevivir durante un período de tiempo determinado considerando el tiempo en intervalos dictados por los datos. En este análisis se realizan las siguientes suposiciones:

- En cualquier momento, los casos censurados tienen las mismas perspectivas de supervivencia que los que continúan siendo seguidos.

- La censura es independiente del tiempo del evento (es decir, la razón por la que se censura una observación no está relacionada con el momento de la censura).

- Las probabilidades de supervivencia son las mismas para los sujetos reclutados al principio y al final del estudio.

- El evento ocurre al tiempo especificada.

El método implica el cálculo de probabilidades de ocurrencia de eventos en ciertos puntos de tiempo dictados por cuándo ocurren los eventos dentro del conjunto de datos. Estas son probabilidades condicionales de ocurrencia de eventos en ciertos intervalos. Multiplicamos estas probabilidades condicionales sucesivas para obtener la estimación final de las probabilidades marginales de supervivencia hasta estos puntos de tiempo.

Modelo de riesgo proporcional de Cox

El modelo de regresión propuesto por David Roxnee Cox, expresa la función de riesgo instantáneo de muerte, en función del tiempo t y de un conjunto de covariables/ variables explicativas/ predictores/ factores de riesgo/ variables de confusión, que definen al sujeto en estudio. Sus aplicaciones son especialmente aprovechadas en disciplinas que van desde la medicina, la economía y las ciencias sociales hasta la astrofísica, genómica a la física de partículas. Un ejemplo particular, la supervivencia a tratamientos médicos alternativos puede depender también de variables como la edad, el sexo, o la gravedad de la afección de cada paciente adicional al tratamiento mismo. Con la presente pandemia, este modelo ha sido ampliamente utilizado y publicado en diversos artículos, los cuales están disponibles vía Nature[42].

Modelo de Weibull

Es un modelo ocupado para estimar una probabilidad, basada en datos medidos o asumidos, fue propuesta por Walodi Weibull en 1951. La distribución de Weibull es útil por su habilidad para simular un amplio rango de distribuciones como la normal, la exponencial, describe el comportamiento de sistemas o eventos que tienen algún grado de variabilidad. Suele ocuparse en auditorias de dudoso cobro en remanentes de tesorería, análisis de calidad de productos, para cuidar fallas de equipo eléctrico, ya sea de centrales termoeléctricas o de otro tipo con base en historiales de fallas y mantenimientos.

---

[42] https://www.nature.com/

Análisis de texto

Considere que en su empresa hace atención telefónica o con un chatbot, y desea conocer los elementos generales de lo que expresan sus usuarios o clientes al utilizar cualquiera de estos dos elementos de atención de la organización.

Usted como director, debe conocer si hay elementos comunes y continuos dentro del contenido de los registros de comentarios, quejas, peticiones de los clientes, incluyendo también los correos electrónicos de servicio al cliente.

Estos casos implican el análisis de texto, en consecuencia, datos no estructurados, que pueden no ser susceptibles de medición y escalado a lo largo de cualquiera de las cuatro escalas de datos primarios mencionadas previamente.

Los datos no estructurados son cada vez muchos más que los estructurados, la suma de estructurados y no estructurados puede aportar un gran y valioso elemento de análisis.

Tradicionalmente existen dos caminos para realizar el análisis de texto.

- Bolsas de palabras, donde se asume que las palabras en el texto son "intercambiables", es decir, el orden no importa para transmitir significado. Con la desventaja de que reduce la dimensionalidad del objeto de texto y hace que el problema de análisis sea manejable, si el orden no importara, dos apariciones de la misma palabra en cualquier documento de texto podrían agruparse y sus resúmenes de nivel superior (como recuentos y frecuencias) podrían usarse para el análisis. El punto de partida de la mayoría de los análisis de texto es un objeto de datos llamado matriz de documento de término (MDT) que enumera los recuentos de cada término (token de palabra / frase) en cada documento dentro de un conjunto dado de documentos de texto.

- Procesamiento del lenguaje natural (PLN), procura interpretar el "lenguaje natural" y asume que el contenido (como también el contexto) depende del orden y el "tipo" de palabras utilizadas. Por lo tanto, la PLN se utiliza mayormente en cuestiones como las partes del habla y el reconocimiento de entidades con nombre.

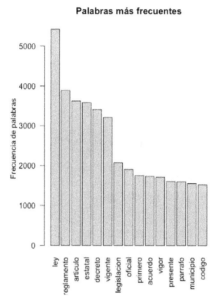

Ilustración 12 Ejemplo de bolsa de palabras.

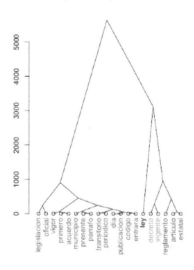

Ilustración 13 Ejemplo de dendrograma de conteos de texto.

Inteligencia artificial

De manera coloquial puede ser definida como el uso de computadoras para la toma de decisiones automatizada para realizar tareas que normalmente requieren inteligencia humana; este término fue acuñado, o al menos así se ha reconocido, en 1955 por John McCarthy, Marvin L. Minsky, Nathaniel Rochester y Claude E. Shannon, en una propuesta de investigación de verano[43] de "2 meses, estudio de 10 hombres sobre inteligencia artificial".

Dado que este campo es demasiado extenso, sólo se abundará en los cuatro tipos comunes de la inteligencia artificial que propusieron Peter Norvig y Stuart Russel[44]:

- Sistemas que proceden como humanos: computadoras que realizan tareas de forma similar a como lo elaboran las personas. Es el caso de los robots.

- Sistemas que piensan como humanos: son los que automatizan actividades como la toma de decisiones, la resolución de problemas y el aprendizaje. El tradicional ejemplo son las redes neuronales artificiales.

---

[43] Puede consultarse en:
http://www-formal.stanford.edu/jmc/history/dartmouth/dartmouth.html
[44] Russel, S.J, Norvig P. (2004). *Inteligencia Artificial. Un enfoque moderno.* 2ª Ed. Madrid: Pearson Educación.

- Sistemas que piensan racionalmente: son aquellos que procuran emular el pensamiento lógico racional de los humanos, los denominados sistemas expertos se incluyen en este conjunto.

- Sistemas que proceden racionalmente: son aquellos que buscan imitar de modo racional el comportamiento humano, como los agentes inteligentes.

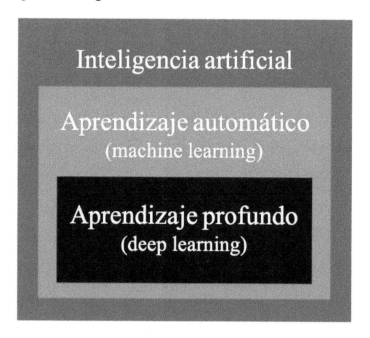

Ilustración 14 Inteligencia artificial y componentes.

Aprendizaje automático

Un científico inicia con la observación (datos), continua con la formulación de una hipótesis sobre la observación, evalúa la hipótesis a través de la experimentación, una vez validada y desarrollada se puede ajustar la observación.

De manera similar, en los negocios, muchas mejoras iniciaron con la habilidad de observar de manera objetiva los incidentes y especialmente los datos, procurando hallar el "por qué" que hay al lado del "qué" en este proceso de negocio.

Si bien hay bastantes definiciones de aprendizaje automático (*machine learning*), se pone a la consideración la original de Tom M. Mitchell: "Se dice que un programa de computadora aprende de la experiencia E con respecto a alguna clase de tareas T y medida de desempeño P, si su desempeño en las tareas de T, medido por P, mejora con la experiencia E"[45], o escrito también como:

Tarea de aprendizaje bien aprendida:<P, T, E>

El objetivo filosófico del aprendizaje automático es comprender la naturaleza de la inteligencia y el aprendizaje en sí, el objetivo teórico del aprendizaje automático es construir y mejorar los marcos y algoritmos de aprendizaje formal y finalmente el objetivo práctico del aprendizaje supervisado es combinar datos, conocimientos de dominio y algoritmos de aprendizaje para construir modelos de pronóstico precisos y en caso de ser factible, interpretables.

¿Cuándo es útil ocupar al aprendizaje automático? Dependiendo de los autores hay varias respuestas, varias de estas convergen que es útil

---

[45] Mitchell, T. (1997). *Machine Learning*. New York: McGraw Hill. P.2.

cuando la experiencia humana no existe, cuando una persona es incapaz de explicar su experiencia, cunado la solución varia en el tiempo, o cuando la solución debe adaptarse a casos particulares.

Entrenar

Se programa al algoritmo para un objetivo básico: obtener patrones de los datos.

Pronosticar

Cuando el algoritmo tiene datos suficientes puede decir que coincide con el patrón de datos.

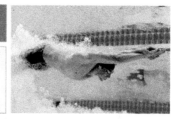

Accionar

Una vez obtenido el resultado, podemos calificarlo como correcto o incorrecto, y esto permite entrenar el modelo (reiniciando el ciclo).

Ilustración 15 Proceso básico de aprendizaje automático.

Aunque recientemente el mismo Mitchell comenta que es el estudio de algoritmos que mejoran el desempeño, en una tarea, con experiencia.

El aprendizaje automático ha evolucionado, concentrándose en paradigmas: el de aprendizaje supervisado, no supervisado, semi supervisado, activo y reforzado.

Cualquier sistema inteligente, incluido nuestro cerebro, efectúa una variedad de actividades con los datos que observa[46]:

- Resume y organiza los datos (una empresa puede pretender segmentar a todos sus clientes en un grupo coherente de clientes similares en función de su demografía y comportamiento).

- Interpreta los datos semánticamente (*Siri* o *Alexa* ejecutando el comando de voz de un usuario a texto y de texto a la intención del usuario).

- Inferir la gramática de los datos (que productos en una canasta de un supermercado se adquieren juntos).

- Encontrar patrones reveladores en los datos (qué palabras aparecer antes o después de otras, qué conjuntos de productos se compran juntos).

- Pronosticar lo que está a punto de suceder (que una planta de CFE está a punto de fallar, un arreglo de discos tendrá un problema de escritura).

- Mejorar la principal acción dada la predicción (sugerir un producto adicional mientras se elabora una compra en internet).

---

[46] Pochiraju, B., Seshandri, S. (2019) *Essentials of Business Analytics*. USA: Springer.

Aprendizaje no supervisado

Entonces, los algoritmos de aprendizaje no supervisados toman un conjunto de datos que contienen únicamente entradas y encuentran estructura dentro de los datos, como grupos o agrupación de puntos en los datos. Entre los paradigmas de aprendizaje no supervisado están las proyecciones, las agrupaciones, estimaciones de densidad, el reconocimiento de patrones y el análisis de redes.

K-medias

K-means es un algoritmo de aprendizaje no supervisado que procura agrupar datos basados por su semejanza, para lo cual hay que especificar el número de agrupaciones en los que se quiere concentrar los datos. El algoritmo asigna de manera aleatoria cada observación a un grupo y encuentra el centroide de cada grupo, iterando en dos pasos, primero reasignando puntos de datos al grupo cuyo centroide es el más cercano y después calculando el nuevo centroide de cada grupo.

Aprendizaje supervisado

El aprendizaje supervisado, es un mapeo de un conjunto de características observadas a una etiqueta de clase (paradigma de clasificación) o un valor real (paradigma de regresión) o una lista de elementos (paradigma de recomendación o recuperación), entre otros.

En el aprendizaje supervisado, entonces, se proporciona un conjunto de datos y dado que ya se conoce la salida correcta, se tiene la idea de que existe una relación entre la entrada y la salida.

El aprendizaje supervisado suele clasificar los problemas en regresión y clasificación.

Ilustración 16 Ejemplo de aprendizaje supervisado.

Aprendizaje por refuerzo

El aprendizaje por refuerzo es un área del aprendizaje automático inspirada en la psicología conductista, que se preocupa por cómo los algoritmos deben tomar acciones en un entorno para maximizar alguna noción de recompensa acumulativa.

Se usa típicamente en tareas de decisión secuencial para predecir la mejor acción (por ejemplo, el siguiente movimiento de ajedrez) desde el estado actual (posición del tablero) para maximizar la recompensa inmediata (fortalecer la posición del tablero) y eventual recompensa (por ejemplo, ganar el juego).

Ilustración 17 Tipos de aprendizaje.

Aprendizaje profundo

El aprendizaje profundo es un área del aprendizaje automático en rápido crecimiento, ocupa algoritmos inspirados en la estructura y función del cerebro, con las denominadas redes neuronales, estos algoritmos permiten a obtener resultados en el reconocimiento de la visión, el reconocimiento del habla, el procesamiento del lenguaje, la robótica y otras áreas.

Una red neuronal es un grupo de nodos interconectados, similar a la vasta red de neuronas en un cerebro, donde cada nodo representa una neurona artificial y una flecha representa una conexión entre la salida de una neurona artificial y la entrada de otra.

La ejecución de aprendizaje automático implica la creación de un modelo, que se entrena con algunos datos de preparación y luego pueden procesar datos adicionales para hacer pronósticos. Estos incluyen de manera general y breve estos modelos:

Las redes neuronales artificiales

Estos son sistemas conexionistas, son sistemas informáticos inspirados vagamente por las redes neuronales biológicas que constituyen los cerebros de los animales. Dichos sistemas "aprenden" a realizar tareas considerando ejemplos, generalmente sin estar programados con reglas específicas de tareas.

Árboles de decisión

Un árbol de decisión es una forma gráfica y analítica de representar todos los eventos que pueden surgir a partir de una decisión asumida en cierto momento, facilitando tomar la decisión "más acertada", desde un punto de vista probabilístico.

Máquinas de vectores de soporte

Conocidas con su acrónimo de SVM, se utilizan para detectar y explotar patrones complejos de datos agrupando, ordenando y clasificando estos, se utilizan para realizar clasificaciones binarias y estimaciones de regresión. Principalmente ocupan métodos basados en kernel para aplicar técnicas de clasificación lineal a problemas de clasificación no lineal.

Redes Bayesianas

El clasificador bayesiano ingenuo se basa en la regla de probabilidad condicional de Bayes, que se utiliza para la tarea de clasificación. El clasificador bayesiano asume que los predictores son estadísticamente independientes, lo que hace que sea una herramienta de clasificación eficaz que sea fácil de interpretar. Se emplea mejor cuando se enfrenta al problema de la "maldición de la dimensionalidad", es decir, cuando el número de predicciones es muy alto.

Una red bayesiana, también conocido como modelo gráfico acíclico dirigido es un modelo gráfico probabilístico que representa un conjunto de variables aleatorias y su independencia condicional con un gráfico acíclico dirigido (DAG). Una red bayesiana podría calcular, dados los síntomas, las probabilidades de presencia de COVID-19 en una persona.

Algoritmos genéticos

Son métodos adaptativos que mediante algoritmos de optimización, búsqueda y aprendizaje inspirados en los procesos de evolución natural y evolución genética.

Accionando los analíticos empresariales

Si la transformación digital ayuda a reducir las barreras de entrada en algunos mercados, ¿Por qué seguir comparándose con los competidores tradicionales?

Retomando la definición de analítica empresarial, como la ciencia de proyectar y responder preguntas sobre datos relacionadas con la operación, negocios o actividades sustantivas de la organización, algunos de los analíticos clásicos, considerando los existentes a partir de la inteligencia de negocios y los analíticos avanzados se presentan a continuación.

Analíticos con SQL	Analíticos descriptivos	Minería de datos	Simulaciones	Analíticos predictivos	Optiminzación
* Conteos * Procesamiento analítico en línea * Medias	* Dispersión * Tendencia Central * Distribuciones univariadas	* Agrupaciones * Reglas de Asociación * Extracción de características	* Monte Carlo * Modelado de eventos discretos * Modelado basado en agentes	* Regresiones * Aprendizaje automático * Pronósticos * Espacial * Analíticos de texto * Clasificaciones	* Lineal * No lineal

Inteligencia de negocios   Analíticos avanzados

Ilustración 18 Tipos de analíticos.

Si la transformación digital ayuda a reducir las barreras de entrada en algunos mercados, ¿Por qué seguir comparándose con los competidores tradicionales?

Reglas de negocio

Una regla de negocio es un enunciado que describe una lógica operativa o política del negocio y que un usuario de puede escribir y entender. Esta declaración es tan precisa (o debe serlo) que describe, restringe o controla algún aspecto del negocio.

Para una persona de tecnologías de la información entonces, las reglas de negocio son un conjunto de declaraciones ejecutables desde una aplicación informática.

Normalmente las reglas formalizan políticas de negocio como enunciados "si-entonces o *if-then*", como ejemplo pueden observar: "si mi cliente gasta más de $50,000.00 pesos en el pasaje de avión, es candidato a recibir un ascenso en su nivel de socio", la regla formal seria entonces: "Si el nivel de cliente es plata o el valor del pasaje es de más de $50,000.00 pesos; entonces marque la categoría del cliente como oro". Como pudo leer las reglas de negocio son la interpretación de las políticas de negocio.

Las reglas de negocio en una organización pueden ser numerosas, esto ha generado que incluso se desarrollen sistemas que las gestionan, para facilitar el no estar involucrando a personal técnico de sistemas en la programación continua. Estos sistemas se les llaman *Business Rules Management Systems* (BRMS) y sus campos de aplicación naturales son manejo de precios, rutas complejas de transporte o traslados, programas de lealtad, clasificación de riesgos, elegibilidad para programas de préstamos, seguros o fianzas; también se han ocupado para situaciones técnicas como manejo de respaldos, actualizaciones de sistemas, migración de información.

Dentro de los analíticos las reglas de negocio comienzan desde la ingesta de datos, aplicadas al contexto transaccional o de datos estructurados y de contenidos y datos no estructurados; permitiendo identificar patrones y con base en estos patrones tomar acciones.

Las reglas de negocio aplicadas a sistemas de procesamiento de datos digitales (incluido *big data*) siguen o se rigen por el patrón que van a revisar en su función, entre varios se tienen los de:

- Autorización o aprobación: esta aprueba, niega o redirecciona una transacción a una aprobación automática o a una persona para que se cierre el proceso, son las más comunes.

- Elegibilidad: este patrón consiste en determinar si una transacción es elegible o no.

- Validación: valida los atributos que tiene el dato, uno o varios.

- Cálculo: determinan el precio, promoción o incentivos.

- Extracción heredada: examina y ajusta las reglas para ser enviadas a sistemas o aplicaciones heredados (mainframes) para mantener la coherencia operativa.

- Clasificación y selección: con base en la puntuación determinada en riesgos, costo y otras métricas, se elige el siguiente paso.

- Cognitivo: aplica procesos de análisis sentimental, integración de *chatbot*, aprendizaje automático para sugerir la siguiente acción más apropiada conforme al dato integrado.

- *Blockchain*: integra en el proceso un motor de reglas en la arquitectura de *blockchain*, para dar como resultado que la lógica de decisión sea representada y procesada de manera que pueda tener o crear acuerdos de contrato inteligente a través de plataformas descentralizadas.

Las reglas de negocio normalmente utilizan modelos analíticos de tres tipos principales:

- Clasificación: utilizan la entrada de uno o más valores para pronosticar el valor de uno o varios campos, ejemplos son los modelos de regresión, las redes neuronales o los árboles de decisión.

- Agrupamiento: dividen los datos en conjuntos con patrones similares, ejemplos redes de Kohonen y K- medias.

- Asociación: Busca patrones en los datos que asocian una entidad con otra, modelos CARMA (*Contemporaneous Autoregressive-Moving Average*, Modelos Autorregresivos de Media Móvil).

En términos de negocio la toma de decisiones sigue siendo relevante e importante, más cuando se tienen diversas fuentes de información, en este caso los repositorios principales se pueden determinar bajo este escenario:

- Crecimiento de los datos: volumen de estos, velocidad con la que crecen y la variedad de datos estructurados y no estructurados que llegan.

- Alcance multivariado: desde sistemas formales y estructurados (manejo de clientes, producción, finanzas, entre otros) hasta sistemas informales (correo electrónico, archivos compartidos) y los generados por máquinas (reportes descriptivos de sistemas formales).

- Los datos deben ser gestionados para que tengan sentido en la toma de decisiones: ordenar con base en los datos obtenidos, conectar relaciones no evidentes y lograr anticipar eventos con base en evidencias.

- Los datos vienen incompletos, desde los sistemas tradicionales históricos, que si bien generalizan no personalizan el comportamiento a analizar; comprender las razones subyacentes de un comportamiento específico permite revelar nuevos conocimientos que predicen comportamientos futuros.

- Silos de información aislados por unidad de negocio, incluidas múltiples expresiones de mismos datos.

Previo a alinear la toma de decisiones con base en los datos para incrementar la productividad, puede tener una evolución en etapas de la siguiente manera, el tiempo puede ser de semana a años por cada etapa, considerando que tan madura o alineada al negocio sea su área de tecnología.

- Decisiones por intuición: basadas en el instinto, a menudo subjetivas e inconsistentes siguen corazonadas o instintos.

- Toma de decisiones automatizada: suelen ser objetivas, consistentes y confiables, con base en el conocimiento y reglas del negocio, políticas, mejores prácticas, son reglas estáticas carecen de capacidades de adaptación al mercado y pueden ser obsoletas rápidamente.

- Predictivas: se basan en el análisis histórico de patrones y condiciones, ocupan todos los datos disponibles (estructurados y no estructurados), adoptan e integran nuevas fuentes de información al vuelo, son flexibles en el ajuste de reglas.

En la creación de una visión accionable de negocio a partir de los datos puede pensarla de la siguiente forma y flujo: los datos masivos una vez integrados en un repositorio son analizados generando información, modelos y tendencias que dan percepciones y que, con herramientas de inteligencia de negocios, permiten desarrollar un conocimiento y una visión accionable.

En comparación con la creación de conocimiento, contra el punto anterior, una persona cuenta con datos de entrada que un individuo en vez de emplear analíticos ocupa su contexto y con esa información la compara con la experiencia y el conocimiento (que sería la inteligencia de negocios) para formar un conocimiento, también accionable.

Retomando el tema de *blockchain,* al ser este un sistema de base de datos distribuida que almacena y gestiona transacciones, donde cada registro en la base de datos se llama bloque y contiene referencias como la marca de tiempo de la transacción, el enlace al bloque anterior, esto complica significativamente para cualquier persona alterar la información sobre los registros de carácter retroactivo, siendo entonces una tecnología que es segura por diseño.

Al poderse unir a sus datos y garantizar que sea un dato seguro con intercambios sin modificación en los datos, beneficiará incluso a los modelos diseñados para consulta o análisis de información, sobre todo en sectores como el financiero, salud y de seguridad nacional. Es una tendencia que los grandes volúmenes de datos tradicionales, aunados con los de internet de las cosas comiencen a ocupar *blockchain* para garantizar identidad y calidad de información, con datos distribuidos en los extremos operativos donde se necesitan procesar.

Una regla de negocios tiene cuatro formas principales:

- Término, que es la aplicación de una definición única a una palabra o frase.

- Hecho: la atribución de algo para describir: un rol, o un descriptor.

- Derivación: un atributo que emana de otros atributos o variables del sistema.

- Restricción: que es una condición que determina qué valores puede o debe tener un atributo o relación.

Lo anterior lo aplicaba a los modelos de datos, entidad relación principalmente. Entonces en informática una regla de negocio es una declaración que impone alguna forma de restricción en un aspecto específico de la base de datos (o repositorio) como los elementos dentro de una especificación de campo para un campo particular o las características de una relación determinada. Se determina una regla de negocio en la forma en que la organización percibe y utiliza sus datos, que usted determina a partir de la manera en que la organización funciona o lleva a cabo su operación.

Los proyectos de *big data* deben generar conocimientos accionables para que los tomadores de decisiones puedan usarlos para crear un valor significativo en su organización. Las metodologías ágiles y el pensamiento de diseño son dos metodologías complementarias que pueden permitir a los líderes extraer ese valor de sus proyectos de *big data*. Esto implica utilizar el pensamiento de diseño para comprender lo que necesitan los responsables de la toma de decisiones, y las metodologías ágiles para desarrollar soluciones de *big data* viables, no únicamente para probar la usabilidad en producción y el valor que generan.

Poder definir reglas de negocio adecuadas implica que el equipo debe colaborar de manera empática, entre áreas operativas, de negocio y de tecnología se deben entender los problemas, necesidades y aspiraciones que los usuarios implicados en la solución necesitan para estar satisfechos.

Retomando el modelo de pensamiento de diseño, una regla de negocio puede desarrollarse adecuadamente si considera que tiene al menos cuatro grandes fases:

- Empatía: entre negocio y tecnología, es decir el usuario de negocio específica claramente el enunciado que servirá de entrada para nuestro proyecto en un lenguaje no técnico-informático.

- Define: se determinan que fuentes de datos, que posible producto, respuesta o elemento objetivo vamos a perseguir.

- Ideación: con estas dos entradas puede generarse una posible idea de solución para crear o implementar un proyecto real, mesurable.

- Prototipo y prueba de la idea: facilita hallar las posibles mejoras significativas, carencias del proyecto en persecución del resultado deseado.

Otra de las técnicas que pueden funcionarle a cualquier informático y personal de negocios es la de Alexander Osterwalder, que, si bien ya tiene más de diez años que se publicó como el lienzo de modelo de negocio, visualmente facilita definir una propuesta de valor, identificar clientes o usuarios, sus relaciones, recursos y actividades, así como las inversiones o gastos necesarios; como nota le comento que la herramienta de lienzo, también conocido como canvas[47].

Esta es una herramienta exploratoria para el negocio o propuesta, no es una estática o definitiva para determinar el modelo.

Narrativa de inteligencia de negocios

Desde los modelos tradicionales de hace 45 años, el presentar los indicadores claves, reportes o informes para la toma de decisiones fue/es la razón de estos proyectos. Si bien la mayoría de las ocasiones termina en cuadros de mando, estos tableros visuales no siempre están bien representados para la audiencia que lo solicitó, por ende, es

---

[47] Osterwalder, A., y Pigneur, Y. (2010). Business Model Generation: A Handbook for Visionaries, Game Changers, and Challengers. Hoboken, New Jersey, USA: John Wiley.

necesario proporcionar una interpretación y si hay que explicar una gráfica, entonces esta no sirve.

El concepto de narrativa, en inglés *storytelling*, considera a los elementos de visualización aunado con la narrativa y el contexto, más adelante se profundizará en el tema de visualización.

El valor de la información está totalmente alineado a la temporalidad de los datos presentados y a la influencia de quien los use. Uno de los problemas que los directores de empresas han tenido con los indicadores clave de rendimiento en las organizaciones, es que estos dejaron de ser realmente un resultado de un proceso para ser un reporte sin actualización al momento de requerir la respuesta.

Independientemente del fabricante de inteligencia de negocios que utilice, debe considerar que son instrumentos de software que facilitan el desempeñar o tomar una decisión, no son la solución misma.

Debe tener claro los parámetros a presentar, a quien le va a presentar, que resultados esta buscando obtener y que retos ha visto en el proceso.

Tener una gráfica de pastel o de barras para algunas personas hace sentido, para otras no, desearan ver una tabla tipo hoja de cálculo, o algún semáforo.

Los mejores creadores de tableros de control o de reporte de indicadores clave son las personas de línea de negocio, los que menor desempeño tienen suelen ser los alineados a tecnología de información, siendo la principal razón positiva o negativa el comprender la razón de negocio que requiere ser resuelta.

Un usuario de negocio, no le interesa saber si uso un ETL de x marca, si esta en la nube de x proveedor, o si hizo una regresión lineal o un modelo estocástico simple para mostrar la variable, es intrascendente si no se responde la pregunta de negocios.

Es relevante considerar que los datos que se presenten tengan la información actualizada al ciclo de negocio de análisis a presentar, en otras palabras, si es producción y el cierre es diario, debe tenerse la información del día anterior al menos, las gráficas se deben explicar por si mismas, menos gráficas es mayor calidad.

Si bien hay autores que indican que se deben usar colores vivos, animaciones, sonidos, en los tableros, en lo particular difiero radicalmente, los directivos o tomadores de decisiones no buscan un videojuego, buscan respuestas a preguntas de negocio, el arte de hacer un modelo matemático y que se presente para la toma o estimación correcta de una decisión de manera entendible y simple es lo importante.

Recuerde lo que quizás le comentó su profesor de matemáticas en secundaria (séptimo a noveno grado) con respecto a los teoremas: "un teorema matemático exhibe elegancia matemática si es sorprendentemente simple pero eficaz y constructivo", así debe fungir su sistema de analíticos.

Se mencionó anteriormente que desde finales de 1980 la inteligencia de negocio (BI) se popularizó, pero ¿Qué es el BI? De acuerdo con el *Data Warehouse Institute* "es el proceso, tecnologías y herramientas necesarias para convertir datos en información, información en conocimiento y conocimiento en planes que hagan rentable una acción de negocio, abarcando el almacenamiento de datos, el análisis empresarial y la gestión del conocimiento".[48]

La inteligencia de negocios ha mantenido como promesa el habilitar utilizar datos de manera estratégica para responder a los cambios de negocio, ya sea con estrategias de negocios, iniciativas de negocio o directrices de negocio. Sin embargo, no siempre se cumplía esto, dado que sólo se mostraban resultados con datos del pasado, entonces algunos puntos se podían cubrir parcialmente.

La eficiencia, efectividad y diferenciación no siempre se cubrieron con la inteligencia de negocios tradicional, los objetivos de entonces se mantienen:

- Entender las necesidades del cliente: la vista única del cliente desde la inteligencia de negocios, para analizar sus necesidades.

- Creación de ingresos: mediante la identificación de necesidades reales del cliente.

---

[48] TDWI. (30 de 3 de 2002). *Business Intelligence*. Recuperado el 04 de enero de 2018, de TDWI: http://tdwi.org/webcasts/2010/03/business-intelligence-101.aspx

- Optimización de costos: alinear los ingresos a los productos que realmente el cliente solicitaba, o necesita, si no existían habría que crearlos, pero también con diseño de campañas.

- Transformación de la organización: accionar los datos para usarlos de forma estratégica en la revitalización del valor percibido y experimentado por el cliente por nuestros productos o servicios.

Considerando el lado técnico de la organización, para comprender la naturaleza de los datos y como se operan, ya que a partir de la calidad de datos puede generarse un camino para encontrar-calcular el retorno de inversión estimado, pero también la evolución del reporteo, acceso, horizontalidad y procuración de mejora en el acceso a los datos.

Desde mediados del 2005 surgió la tendencia de hacer una presentación fluida de los tableros de inteligencia de negocios, presentando los tableros como historias interactivas que muestren las capacidades de interacción con los datos.

Como referencia la narrativa de inteligencia de negocios debe considerar en su presentación dos puntos estratégicos y tres tácticos: los estratégicos son básicos, contar los datos correctos y la visualización adecuada para esos datos, los tácticos es que la relación entre visualización y datos sea clara por sí misma, que la visualización enganche a la narrativa que se hace y que la narrativa explique los datos, suena fácil, pero implementarlo no lo es tanto.

Finalmente hay que conocer al usuario, un contador posiblemente le interese más una tabla como visualización, mientras que alguien no tan numérico preferirá una gráfica de pastel o barras.

El lector debe recordar que los datos no siempre son la historia, ¿Suena raro? Sí, pero si lo analiza entonces aplique un Pareto a esta aseveración e identifique por ejemplo las anomalías en los datos, evite los gráficos oscuros.

El concepto de narración de tableros inicia desde hace una década como tendencia en el mercado, procurando que las gráficas y reportes de inteligencia de negocio tradicional pudieran ser entendidas por el público objetivo, tener claro e identificado que es lo que se quiere expresar, que las gráficas soporten ese qué.

Temas de interacción, o dicho de manera *"milenial"*: *gamificación* de la herramienta, hacerla sentir como embebida en un juego a la persona que ve el tablero, con detalles sencillos como etiquetas interactivas en las gráficas. La narración es un ejercicio iterativo de análisis de datos desde diferentes ángulos, experimentando, explorando implicaciones y probando teorías alternativas.

Si tiene presente que una buena narrativa auxilia a que un tablero o reporte que tiene la menor cantidad de gráficas que presentan el mayor conjunto de información que cubre el objetivo del reporte en una sola pantalla y que puede ser revisado en un vistazo, tendrá un éxito casi seguro.

En el área técnica, normalmente se cuenta con un equipo que gestiona el repositorio a partir de los sistemas de planificación de recursos empresariales, sistemas particulares, sistemas de gestión de las relaciones con clientes entre otros, desde estos extrae, limpia, modela, transforma, carga, transfiere los datos a un repositorio desde el cual los usuarios expertos o de negocio ejecutarán actividades analíticas (consultas, reportes, análisis, minado de datos, visualización, expresión) correspondientes.

El equipo técnico, desde una perspectiva de sistemas es un equipo orientado a lo transaccional: enfocados a automatizar procesos, hacer más eficientes las aplicaciones, reaccionar a eventos de fallas, optimizar transacciones, estructurar nuevas plataformas técnicas y operativas; el equipo de inteligencia de negocios ayuda a hacer soporte a decisiones, apoyar a hacer efectiva la operación, adapta y anticipa eventos de negocio, optimiza consultas para responder preguntas de negocio.

El área técnica es también un área transaccional en datos, con datos actuales, continuamente actualizados, con fuentes específicas y definidas, orientados a aplicaciones y con datos al detalle, en el área de inteligencia de negocios se requieren datos históricos, con actualizaciones periódicas o líneas base de los datos, con fuentes integradas y orientados al sujeto del negocio que permita analizar datos detallados, concentrados o derivados.

Desde el siglo pasado la visión de las herramientas analíticas era para temas estratégicos y tácticos de reporte, análisis y pronóstico, pero sobre todo de reporte (saber que pasó), si la organización era muy automatizada y con datos accionables en tiempo real podían entonces hacer un análisis operacional, de que está ocurriendo, para alertas o detección de eventos dentro del monitoreo de procesos de negocio, siendo estos últimos muy sofisticados.

En el siglo pasado, reitero, la inteligencia de negocios prometía soluciones para obtener una imagen más clara de sus operaciones internas, clientes, cadena de suministro y desempeño financiero con sus datos internos y estructurados, para lograrlo necesitaba una inversión financiera y humana en lo tecnológico a largo plazo, para ver un beneficio, hoy en día esto prácticamente cualquier empresa lo logra al momento; el valor adicional con el *big data* es integrar cualquier fuente, interna o externa, además de facilitar escenarios prescriptivos.

Se deja de lado temas técnicos como el *On Line Analytical Processing* (Procesamiento Analítico en Línea OLAP) y *el On Line Transaction Processing* (Procesamiento de Transacciones En Línea OLTP).

Analíticos heredados vs analíticos en *big data*

El examinar de forma detallada un dato o información, para que permita extraer posibles escenarios, conclusiones para tomar o no decisiones, es el análisis.

Si la fuente es estructurada o no, debe ser indistinto, sin embargo, desde el punto de vista operativo, complejidad e incluso valor que se le puede dar a una organización difiere sustantivamente de un analítico heredado (el que usa un *data warehouse* o un *data mart*) contra aquel que ocupa un analítico que integra todas las fuentes de datos (estructuradas, no estructuradas y contenido).

Los analíticos heredados, que usan almacenes y mercados de datos, ocupan principalmente la minería de datos.

Primordialmente analiza la relación y patrones en los datos almacenados de las transacciones para obtener información que ayude a tomar mejores decisiones.

Los principales beneficios que se consiguen con la minería de datos son identificar los objetivos, agrupar los datos en relaciones lógicas, asociaciones entre los datos, patrones secuenciales que faciliten anticipar tendencias y comportamientos.

	Analiticos heredados	Analíticos de big data
Costo de almacenarlo	Alto	Bajo
Volumen	Gigas teras	Peta, exa o más
Velocidad de procesamiento	Batch	Rápida
Tiempo de administración	Lento y largo	promedio 60% mas rápido
Tiempo de respuesta a consultas complejas	horas/días	Minutos
Costo de soporte técnico	Alto	Bajo
Velocidad de carga de datos	Lenta	Alta
Tiempo de carga de datos	Largo	50-60% más rápida
Variedad de datos a analizar	Estructurados	No estructurados
Analisis de datos	Fuera de línea	En tiempo real

Cuadro 1 Principales diferencias entre analíticos[49].

Big data y minería de datos son conceptos diferentes, el primero se refiere a una gran cantidad de datos mientras que el segundo hace alusión al análisis profundo de los datos para extraer el conocimiento, patrón o información clave de una cantidad pequeña o grande de datos.

El concepto principal en la minería de datos es profundizar en el análisis de los patrones y las relaciones de los datos que pueden usarse más en inteligencia artificial y en análisis predictivo; en cambio el *big data* es la fuente, variedad, volumen de datos y cómo almacenar y procesar esta cantidad de datos.

Si bien no son excluyentes, tampoco la minería depende del *big data*, ya que se puede hacerse sobre una cantidad pequeña o grande de datos, pero el *big data* es posible que necesite de minería de datos.

---

[49] Banerjee, A. (diciembre de 2013). Big Data & Advanced Analytics in Telecom. Recuperado el 31 de enero de 2020, de shorturl.at/yMP58

	Minería de datos	Big Data
Foco	En los detalles de los datos	En las relaciones de los datos
Vistas	Un acercamiento a los datos	Una gran fotografía de los datos
Datos	Dice los qué de los datos	Dice los porqués de los datos
Volumen	Puede usarse con pocos o muchos datos	Debe ser con grandes cantidades de datos
Definición	Es una técnica para analizar datos	Es un concepto mas que un término
Tipos de fuentes	Datos estructurados, bases de datos dimensionales y relacionales	estructurados, no estructurados y semi estructurados
Análisis	Análisis estadísticos, pronósticos, descubrimientos de factores en pequeña escala	Análisis de datos, enfocado en pronósticos u descubrimiento de factores de negocio en gran escala
Resultados	Para decisión estratégica	Tableros y medidas de pronósticos

Cuadro 2 Comparación entre *big data* y minería de datos

En la minería de datos, y con pocos datos, considerando que al *big data* algunos lo definen como cualquier información con más de 1 TB de contenido, se tienen propuestas bastante conocidas y aplicadas como las técnicas de afinidad de clientes, pronósticos de ventas, mercadotecnia de llamadas, planeación de inventarios, lealtad de clientes, tasas de abandonos en la industria de telecomunicaciones, prevención de fraude con tarjetas de crédito-débito.

Las perspectivas obtenidas a partir del análisis con *big data* tienen la posibilidad de permitir la supervisión y reforzar la gestión de la calidad y la relación con los clientes. La explotación del análisis de *big data* en procesos de industrialización puede promover el rendimiento mediante la agilidad y la mejora del desempeño[50].

En términos de la mejora del desempeño, algunas organizaciones con una gran acumulación y gestión de datos toman decisiones a través del

---

[50] Popovic, A., Hackey, R., Tassabehji, R., y Castelli, M. (abril de 2018). The impact of big data analytics on firms' high value business performance. Information Systems Frontiers, 20(2), 209-222.

análisis de datos con el objetivo de mejorar la competitividad. Esto definitivamente requiere presupuesto y talento humano para la administración y utilización de datos.

El director de analíticos

Sin embargo, las organizaciones no necesariamente aumentan el presupuesto y empleados para lograr esto objetivos, afortunadamente otras organizaciones comprendiendo el valor de los datos como elemento competitivo han fomentado el gobierno de datos y creado puestos de director encargado de datos (*Chief Data Officer* CDO) o de analíticos (*Chief Analytics Officer* CAO).

El *Chief Data Office* (CDO) o director encargado de datos, es quien debe liderar la agenda de datos de una organización:

- Establecer y entregar tecnologías, herramientas, enfoques y metodologías para potenciar el valor en los activos de datos empresariales de una organización.

- Administrar datos como un activo estratégico y hacer operativo el gobierno de datos, la calidad y otros controles para mantener la integridad de los datos de la organización.

- Es el encargado confiable para ejecutivos clave de negocios enfocados en el cliente, la gestión de riesgos empresariales, el cumplimiento normativo y financiero basado en datos.

- Debe fomentar la innovación aprovechando las tecnologías emergentes de *big data* y análisis.

Como estratega, existe otro rol y lleva cabo el director de la oficina de analíticos (CAO *chief analytics officer*) o *head of data* (HoD), este además tiene las funciones de:

- Evalúa el modelo operativo más apropiado y el enfoque de monetización de datos para el negocio u organización (monetización social del dato).

- Define e impulsa la visión analítica de toda la organización a través de estrategias, personas, procesos, datos y tecnología.

- Participa en gran medida en la transformación, el cambio y la educación del negocio u organización necesarios para integrar el análisis en la cultura para transformarse en una visión.

- Busca mantener a la organización en la vanguardia de los desarrollos y riesgos de los datos e impulsar futuros programas de información para la organización.

Consideraciones básicas en la infraestructura

Las seis capas en las cuales la base tecnológica se divide, desde la más próxima al usuario final hasta la de infraestructura:

- Capa de aplicaciones.
- Capa de *data warehouse* o repositorios para analíticos.

- Capa de herramientas.

- Base de datos operativas.

- Capa de seguridad.

- Capa de infraestructura física.

Hace unas décadas se hablaba de que el centro de datos es la computadora actual, antes de esto las computadoras en red (*grid computer*), supercomputadoras vectorizadas y más etiquetas que con el surgimiento del cómputo en la nube se han tornado en cómputo utilitario, todo como servicio, o sencillamente un cambio de marca de la web 2.0, 3.0 o x.0.

Con el crecimiento de los servicios en la nube, el cómputo utilitario ha crecido de forma a que los recursos de cómputo se pagan como un servicio similar al agua o la electricidad, pagas por lo que consumes.

Lo anterior ha influenciado el tema de gasto e inversión en las organizaciones, es decir de un tema de capital a uno de gasto de operación, pero con la diferencia de tener una escalabilidad sin límite y sobre todo con una elasticidad amplia, hacia abajo o arriba.

Técnicamente hablando la evolución de la manera en que trabajan los sistemas o aplicaciones ha crecido de la forma tradicional de tener un hardware con un sistema operativo sobre el cual corren las aplicaciones, a uno virtualizado donde en un hardware se tienen varias máquinas virtuales con sistemas operativos particulares y a su vez corriendo cada uno de ellos una aplicación de manejo de contenedores, de manera local o remota a la organización.

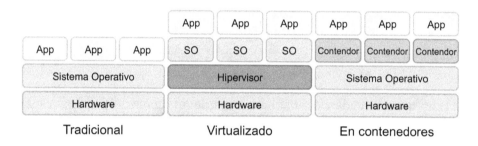

Ilustración 19 Evolución del *stack* de aplicaciones. Adaptado de Apache.org

Lo preliminar puede servir como una explicación de cómo funciona el "todo como servicio", es decir, si en vez de comprar equipo de cómputo mejor lo renta y paga por lo que realmente ocupa (infraestructura como servicio IaaS) son ejemplos marcas como: *Kio Networks, Microsoft Azure, Rackspace, Google Compute, Amazon EC2.*

Plataformas como servicio (PaaS), donde el proveedor me ofrece toda la plataforma, da mantenimiento, actualizaciones y otros servicios.

El cómputo utilitario ha sido de gran apoyo para que el *big data* y los analíticos se desarrollaran rápidamente, con el "todo como servicio", base de datos como servicio, contenedor como servicio, entre otros.

No todas las industrias pueden usar el *big data* en nube, algunas por restricciones en el uso de datos en posesión de particulares, leyes de restricción de exportación de datos e información o de jurisdicción y competencia. Estas industrias se ven forzadas a invertir en la capacidad de cómputo necesaria para ejecutar estas funciones en la nube o infraestructura local.

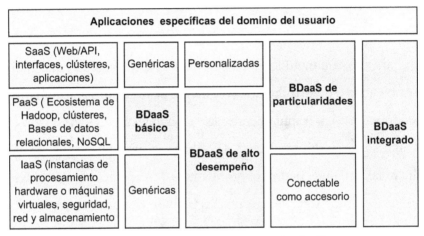

Ilustración 20. Tipos de servicios con *big data*[51].

Delimitar requerimientos de negocio

Para delimitar un problema de negocios debe tener una descripción del enunciado de negocio que busca solucionarse, esta descripción la debe proporcionar una persona de negocio, no uno de tecnología; de manera similar a una metodología ágil debe identificar a todos los interesados directos e indirectos en el proyecto (*stakeholders*), validar

---

[51] Prokopp, C. (2014). The four types of Big Data as a Service (BDaaS). Recuperado el 31 de marzo de 2017, de Big Data Science and Cloud Computing: http://www.semantikoz.com/blog/big-data-as-a-service-definition-classification/

honestamente a la solución al problema de negocio es susceptible de ser solucionada con un analítico de datos, en caso positivo determinar los beneficios de negocio lo más claro posible e identificar las posibles restricciones, con esto puede tener un acuerdo con el patrocinador de negocio con base en el enunciado de negocio inicial.

Si desconoce de metodologías ágiles, por ejemplo, Scrum, y sólo está familiarizado con metodologías heredadas, se recomienda que cuando esté ubicando o desarrollando el problema de negocio a atacar al menos pueda responder rápidamente lo siguientes: ¿Quiénes son los involucrados en el proyecto? ¿Cuál es el problema que se debe solucionar? ¿Dónde ocurre el problema? ¿Cuándo ocurre el problema? o ¿Qué función necesita ejecutar? ¿Cuándo debe ser completado el proyecto? ¿Por qué ocurre el problema? Mal en su funcionalidad o necesidad de mejora y por ende ¿Por qué debe ser resuelto? Considerando que el negocio es cambiante y no puede llevarse meses en darse una respuesta.

Para aplicar una solución de analíticos al problema debe comenzar trasladando el qué del problema de negocio a un cómo dentro de un problema de analíticos, ejemplos:

- ¿El cliente de una aseguradora en el ramo de vida cae en diferentes grupos?

- ¿Es factible hallar grupos de clientes que tienen una alta similitud de ser perdidos si no renuevan su póliza en las próximas 3 semanas?

En el primer caso, no hay ni propósito específico ni objetivo que se haya establecido, si no hay un objetivo entonces, este problema de analíticos es de tipo no supervisado. En el segundo ejemplo hay un objetivo específico y está segmentado, pudiendo usar ejemplos de tasa de abandono, este sería un problema de analítico supervisado.

Quizás el lector conozca ya el modelo de Noriaki Kano, conocido en el desarrollo de productos y satisfacción del cliente, en el cual clasifica las preferencias de un cliente en cinco categorías. A continuación, se muestra el diagrama.

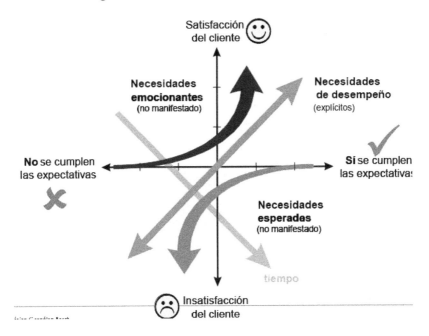

Ilustración 21 Modelo de Kano. Fuente http://economipedia.com/wp-content/uploads/2017/06/Modelo-de-Kano.png

La teoría del modelo de Kano dice que los requerimientos esperados deben ser necesidades que deben hacerse, requerimientos normales, requerimientos emocionales que son atractivos para el usuario, así como las necesidades no relevantes o que no se cumplen. En metodologías ágiles lo conocen como técnica *MoSCoW* (*Must, Should, Could, Won't have*) de priorización.

Por ende, las necesidades explícitas de desempeño deben siempre desarrollarse, así como poder identificar las esperadas no manifestadas. Las emocionantes no siempre aportan un valor real al negocio, pero sí a la mente del patrocinador o tomador de decisiones y suelen ser un diferenciador importante, mejorando la experiencia de uso, sin embargo, si no se cumplen, no suele haber insatisfacción.

Ejemplo, una clase escolar:

- Normal: completa, pertinente, actualizada, ágil, no aburrida, buen pizarrón electrónico, video proyector.

- Emocionantes: material interactivo, agua a la mano, material incluido, interactivas, cafetería amena.

- Esperadas: asientos y mesas cómodas, buena luz y ventilación, baños limpios.

- Inversa o de no cumplimiento: que no hubiera aula con techo, ventanas rotas, sanitarios sucios, pocas sillas.

Visualizando información

Este tema es complejo, se presenta desde una perspectiva de usuario, con enfoque en el mercado mexicano y centroamericano, aunque bien pudiera ocuparse en la región de habla hispana.

El paso sugerido inicial es que identifique que tipo de dato está ocupando: categóricos, ordinales y cuantitativos.

Para cada tipo de dato se aprovechan mejor ciertas gráficas. Para precisar un dato categórico puede tomar un número limitado de posibles valores, son datos que se recopilan en grupos o temas; los datos ordinales tienen una secuencia lógica ordenada y los cuantitativos nos indican una cantidad.

Cualquier tablero debe ser entendido a primera vista, al menos por el usuario para el que fue desarrollado, si este tablero se debe explicar a su usuario, entonces no funciona.

Una gráfica de líneas es para mostrar tendencias o cambios en el tiempo; los de barras se deben ocupar para comparar cantidades de categorías distintas; los gráficos de dispersión muestran variaciones conjuntas de dos datos; los gráficos de burbuja se pueden ocupar para mostrar variaciones conjuntas de tres datos; las gráficas de pastel para comparar partes de un todo.

En un dato categórico la efectividad de entendimiento y visión parte de la posición, color, forma, conjunto y límites de los datos mismo. En uno ordinal parte de la posición, tamaño intensidad del color, color y forma.

Para el cuantitativo, inicia con la posición, capas, la longitud, el tamaño y la intensidad del color, se sugiere usar máximo dos tonos de color. Use etiquetas en las gráficas y componentes de estos.

En cuanto a la presentación de los datos, históricamente hay tres tipos de tableros operativos, estratégicos o ejecutivos y analíticos. El operativo se actualiza regularmente y tiene una pregunta bien determinada y con resultados claros a los eventos que se siguen. Los tableros estratégicos, tienen principalmente indicadores estratégicos y se modifican muy poco.

Los tableros analíticos son los que más interactivos son, permiten hacer sobre estas investigaciones más profundas sobre los datos.

Identificado el tipo de usuario, puede definir el tipo de dato y tablero que debe mostrarle o desarrollarle, sin olvidar la narrativa comentada en un capítulo anterior.

Uno de los primeros clientes que nos contrató para análisis de *big data*, un director de finanzas, comentaba "si en 5 segundos no hallo la información relevante, el tablero no me sirve". Una buena forma de ordenar los datos es a manera de pirámide invertida, los datos significativos o ideas principales van arriba, tendencias en medio y datos granulares abajo.

Con lo anteriormente expuesto, puede repasar si es que, en un proyecto de analíticos, si bien la presentación de datos es crucial, no debe elegir primero la capa de presentación de datos.

Originalmente la inteligencia de negocios comenzó con el *storytelling,* que incluidos los elementos analíticos avanzados se tornó en *data storytelling*, que considera la visualización, la narrativa y el contexto.

Desde una visión separada, los datos son el qué, las historias o narración es el por qué y el cómo, la visualización lo hace atractivo y fácilmente entendible.

Las historias de datos suelen dividirse en dos tipos con base en sus objetivos:

- Periodística: donde se narra de manera lineal y completa la información, para ser consumida de manera pasiva, siendo netamente informativa o para entretenimiento, un ejemplo es una infografía.

- Analítica: es la de nuestro interés, es una narrativa de trabajo para ser explorada activamente y cuestionada de manera colectiva, para apuntalar en la toma de decisiones.

En cuanto a la presentación visual de los gráficos, estos deben estar basados en el tipo de gráfico primario a presentar en el reporte, procurando no exceder de 3 elementos gráficos, un diseño limpio y simple es mejor.

Si va a presentar varianzas, se sugiere ocupe barras divergentes, gráficas de espina; para correlaciones, los gráficos de dispersión y mapas de calor son adecuados.

Para la presentación de ordenes, puede emplear barras con rango, pendientes; en el caso de presentar tendencias, utilice gráficos de líneas o líneas de tiempo.

En la exposición de elementos de distribución se propone disponer histogramas o diagramas de cajas; en el caso de contribuciones las gráficas de cascadas o de pastel son buenas opciones.

El ocupar gráficos de columnas o *bullets* son adecuados para los elementos de comparación; para representar flujos, los diagramas de Sankey o las representaciones de redes son las elecciones propicias.

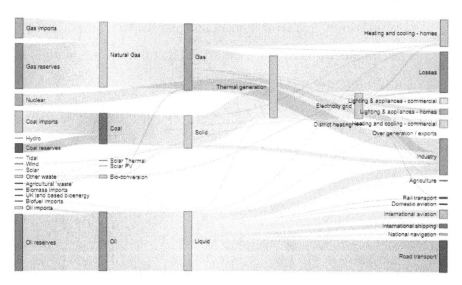

Ilustración 22 Ejemplo de diagrama de Sankey. Fuente: Tibco Spotfire.

Analíticos

Hace cerca de tres lustros Tom Davenport y Jeanne Harris describían en su libro *Competing on Analytics*[52], los grados de ventaja competitiva conforme el grado que denominaban de inteligencia, tenía una empresa, refiérase a la siguiente ilustración.

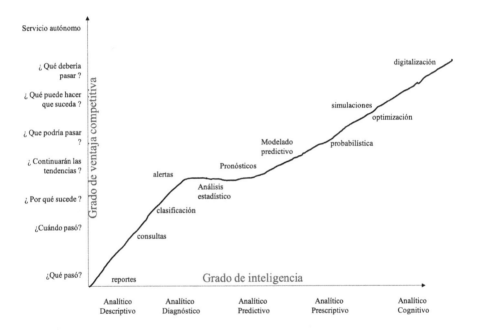

Ilustración 23 Evolución de analíticos. Fuente: *Institute of Business Forecasting and Planning.*

Los cinco tipos de análisis de la ilustración anterior, generalmente se implementan en etapas y se dice que ningún tipo de análisis es mejor

[52] Davenport, T y Harris, J. (2007) *Competing on Analytics: The new science of winning.* USA: Harvard Business School Press.

que otro, son complementarios y, en algunos casos, evolutivos, es decir, no se pueden emplear los análisis más sofisticados sin utilizar primero los análisis más fundamentales.

Ya sea que confíe en uno o en todos estos tipos de análisis, podrá al implementarlos, obtener una respuesta que, como analista, ejecutivo, directivo, de una empresa u organización necesita saber, desde lo que está sucediendo en su negocio hasta qué soluciones o el mejor rumbo de acción para optar, para evitar o eliminar problemas de negocio futuros.

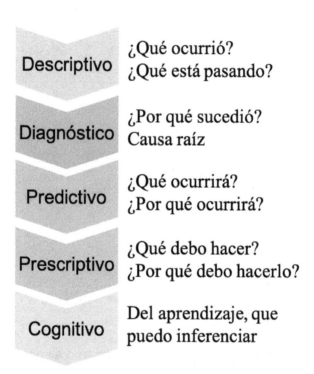

Ilustración 24 Tipo de analíticos.

Analítico descriptivo

Cuando tiene que dar respuesta a la pregunta: ¿Qué está pasando en mi empresa? Es cuando entra el análisis descriptivo.

Es el análisis más común y ampliamente utilizado que examina los datos que llegan en tiempo real, generalmente utilizando herramientas de visualización efectivas y permite aprender de comportamientos pasados, para presentar una noción de cómo afectarán los resultados futuros.

El análisis descriptivo utiliza los datos crudos y, a través de la agregación o minería de datos, proporciona información relevante sobre el pasado, y dado que únicamente nos da una razón de si todo va bien o no en nuestra empresa, no explica necesariamente la causa raíz detrás.

En consecuencia, si se requiere mayor idea, es necesario combinar el análisis descriptivo con otros tipos de análisis de datos para encontrar una solución complementaria.

Analítico de diagnóstico

Cuando ya conoce lo que está aconteciendo en su empresa al ocupar el análisis descriptivo, y ahora requiere ¿Por qué está sucediendo algo?, entonces pretende conocer la causa raíz detrás de eso, la inteligencia de negocios tradicional apoya a profundizar utilizando jerarquías o hacer una comparación rápida para encontrar las razones o factores que afectan en la empresa.

Algunos enfoques que utilizan este análisis incluyen alertas, profundizar (*drill-down*), descubrimiento de datos, extracción de correlaciones, así como técnicas tradicionales de pronóstico que utilizan razones, probabilidades y la distribución de resultados. También se pueden utilizar algoritmos de aprendizaje automático supervisados para clasificación y regresión.

Analítico predictivo

Este se basa en lo que obtiene de los análisis descriptivos, de diagnóstico y se utiliza para encontrar respuestas a la pregunta de ¿Qué es probable que ocurra?, en función de tendencias y patrones previos, buscando presentar previsiones.

Reúne una serie de procesos de minería de datos, métodos de pronóstico, modelos predictivos y técnicas de análisis estadístico para analizar datos actuales, valorar riesgos, oportunidades, y capturar relaciones, presentando predicciones sobre el futuro.

Al aplicar diversas técnicas tradicionales de pronóstico a algoritmos predictivos de aprendizaje automático, las empresas pueden integrar de manera efectiva componentes de datos tipo *big data* para obtener grandes ventajas competitivas.

Analítica prescriptiva

Esta es siguiente paso en la progresión de la analítica donde se consideran los datos recopilados en la etapa descriptiva que indicaron el qué sucedió, combinado con el análisis de diagnóstico que nos presentó el por qué sucedió, en evolución se ajustó con el análisis predictivo que expresó cuándo podría ocurrir nuevamente. El modelo prescriptivo utiliza esas respuestas para auxiliar a determinar el mejor curso de acción para elegir, evitar o eliminar riesgos o escenarios futuros.

Analítica cognitiva

La analítica cognitiva reúne una serie de tecnologías inteligentes para lograr esto, como la semántica, los algoritmos de inteligencia artificial, aprendizaje profundo y automático, en lo ideal, se pretende que esta analítica sea cada vez más efectiva con el tiempo al aprender de sus interacciones con los datos y con los humanos.

La analítica cognitiva se ocupa de problemas que son inherentemente inciertos; problemas cuyas soluciones son inevitable y necesariamente probabilísticas.

El sistema de análisis cognitivo busca en todos los elementos que existen dentro de la base de conocimientos para determinar la solución en tiempo real.

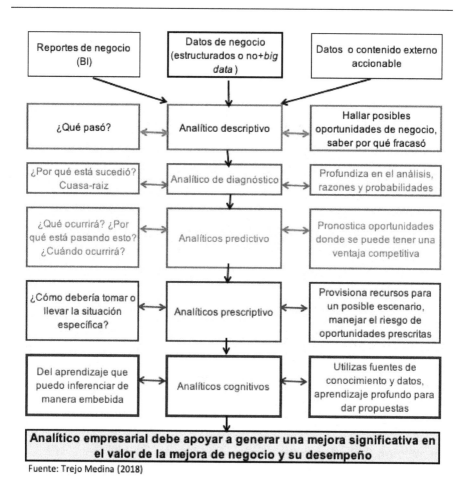

Fuente: Trejo Medina (2018)

Cuadro 3 Proceso básico de analíticos empresariales

En cuestión de la implementación los principales problemas que podrá hallar es la falta de infraestructura, particularmente en el capital humano, el capital intelectual de esta área de analíticos aún es un recurso escaso, aquí es donde aplica el valor necesario el científico de datos previamente descrito y mencionado.

Ejecución básica de analíticos en la empresa

Una vez que se presentaron los elementos básicos de los analíticos, puede surgir la pregunta: y ahora, ¿Cómo implemento una estrategia de analíticos? Actualmente muchas de las organizaciones cuentas con al menos reportes a la medida o bajo demanda de ciertas unidades de negocio, ese ya es un inicio, sin embargo, debe reflexionar de manera estratégica para poder adecuar lo necesario.

La transformación digital para analíticos

Si bien la transformación digital es un proceso de integración de nuevas tecnologías en todas las áreas de una organización de tal manera que cambie positivamente la manera de funcionar y cuyo principal objetivo es de optimización, ya sea para incrementar la competitividad, mejorar procesos o procurar aportar y entregar un valor adicional a sus usuarios, clientes o ciudadanos, no todas las organizaciones están ejecutándola de manera consciente.

El implementar analíticos en una organización requiere la integración y mantener un impacto con y para el negocio a partir de las tecnologías digitales con las que cuente esta.

Cualquier organización cuenta con diversas tecnologías digitales: Internet, internet de las cosas, aplicaciones móviles, asistentes virtuales, grandes volúmenes de datos, certificados digitales, *blockchain*, servicios en la nube, sistemas de negocios tradicionales, algunas manejas realidad virtual o aumentada, componentes de inteligencia artificial.

El director de sistemas o tecnologías (en inglés, *chief information officer, CIO, o chief technology officer, CTO*) bajo la guía de áreas de negocio debe integrar estos elementos técnicos con datos, de tal manera que habilite:

- Conectar procesos, activos físicos, personas o entidades de la organización de nuevas maneras, y nuevo no es emplear ahora *zoom* para trabajar vía remota en vez de estar en la oficina; implica identificar de manera rápida las nuevas necesidades de usuarios o clientes, permitiendo desarrollar nuevos productos, servicios o modelos de negocio.

Cuando se cuenta con un director de conocimiento, los elementos de transformación digital lo deben empatar a modelos de negocio de modo más adecuado y gobernada, de tal forma que, las preguntas básicas de ¿En qué negocio /industria estamos? ¿Cuáles son las fronteras operativas y organizacionales? ¿Quiénes son los principales usuarios, clientes, empleados, ciudadanos, proveedores, competidores de y en la organización? ¿Cuáles son las búsquedas o consultas comunes de negocio que tiene los anteriores actores? Puedan ser respondidas y conocer cómo estas impactarán en los procesos estratégicos.

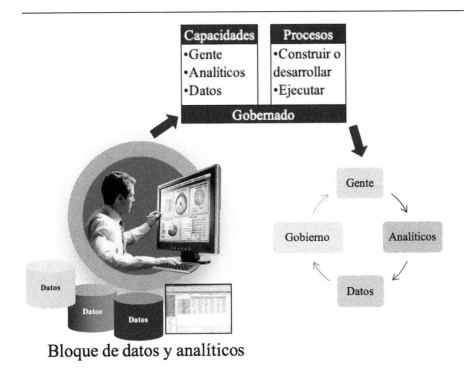

Ilustración 25 Conectando analíticos con la organización.

Estos procesos estratégicos deben tener considerados para que aporten valor, el impacto en la visión, del modelo de negocio, la manera en que opera el negocio, su gobierno (corporativo o de datos), en la estructura organizacional, en las habilidades duras necesarias, el entrenamiento y capacitación del personal, el cómo capturar los datos y realizar el análisis, el mejorar las plataformas o sistemas tecnológicos actuales.

Si no hay impacto en alguno de los elementos antes descritos, no se realiza en realizad una trasformación digital, sólo se está actualizando y acelerando la forma de hacer las cosas.

La tecnología debe entender primero como afecta los procesos de negocio, para hacerlos diferentes, no sólo más rápidos.

El tener herramientas o infraestructura híper convergente que aceleran o guardan los datos, no necesariamente aporta valor alguno en la organización, aunque sea necesaria esa infraestructura para funcionar.

En la implementación de analíticos se proponen tres coyunturas básicas para implementarlos.

La primera coyuntura es la actual, es decir, los factores y circunstancias actuales como opera su organización, en el cuál tiene reportes que le permiten describir que pasó y en el mejor de los casos diagnosticar qué ocurrió.

Posiblemente tenga algún almacén de datos ya funcional, incluso tiene identificados quienes consumen su información, quienes la administran y quienes modelan. Esta fase tradicional e inicial pude ser suficiente para la industria o negocios de su organización, aquí suele estar estancadas las organizaciones de gobierno.

Cuando la organización tiene una visión de la cuarta revolución industrial, basada en conocimiento, es posible que esté con funciones bien determinadas de pronosticas escenarios, hacer escenarios avanzados, cuenta con datos gobernados y posiblemente con estrategias de administración de conocimiento; en este escenario, los datos y analíticos tienen un orden y resguardo que habilitar a los usuarios finales accionar los datos y modelos analíticos para contestar diversas preguntas de negocio, modificando variables particulares.

El anterior contexto, donde hay un autoservicio, suele ser de una organización madura en términos de transformación digital, orden y regulación, el sector financiero y telecomunicaciones son dos que suelen estar a este nivel, contando con un entorno organizacional de analíticos.

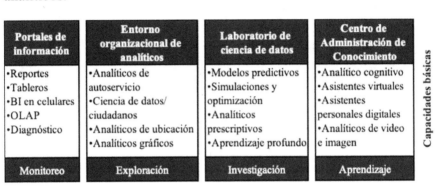

Portales de información	Entorno organizacional de analíticos	Laboratorio de ciencia de datos	Centro de Administración de Conocimiento	Capacidades básicas
•Reportes •Tableros •BI en celulares •OLAP •Diagnóstico	•Analíticos de autoservicio •Ciencia de datos/ ciudadanos •Analíticos de ubicación •Analíticos gráficos	•Modelos predictivos •Simulaciones y optimización •Analíticos prescriptivos •Aprendizaje profundo	•Analítico cognitivo •Asistentes virtuales •Asistentes personales digitales •Analíticos de video e imagen	
Monitoreo	Exploración	Investigación	Aprendizaje	

Ilustración 26 Evolución de capacidades analíticas.

Si la organización tiene modelos avanzados y una inversión de conocimiento y analítica visionaria, suelen tener áreas de investigación particular que históricamente les denominan laboratorios de ciencia de datos, los cuales facilitan a los entornos organizacionales de analíticos mediante la investigación de modelos avanzados, el mejorar la exploración de analíticos de autoservicio.

Portales de información	Entorno organizacional de analíticos	Laboratorio de ciencia de datos	Centro de Administración de Conocimiento	Capacidades básicas, con ejemplos
•Reportes •Tableros •BI en celulares •OLAP •Diagnóstico	•Analíticos de autoservicio •Ciencia de datos/ ciudadanos •Analíticos de ubicación •Analíticos gráficos	•Modelos predictivos •Simulaciones y optimización •Analíticos prescriptivos •Aprendizaje profundo	•Analítico cognitivo •Asistentes virtuales •Asistentes personales digitales •Analíticos de video e imagen	
Supervisar registro de seguimiento Informar métricas de KPI Rendimiento gobernado Estática centralizada confiable Tableros consistentes Distribución creíble de información Tabular ETL Data Warehouse Metadatos de desarrollo TI Unidades de conocimiento	Explorar Analizar Visualizar Caracterizar Entender Descubrir ideas de manera ágil Filtro rápido flexible Facilitar componentes al usuario DataMart de autonomía Cuadros de mandos Navegar datos/ narrativa	Investigar y pronosticar segmento de análisis avanzado Patrón de comportamientos Prescribir con aprendizaje automático Modelo de datos abiertos Algoritmo empresarial, IoT Transmisión en tiempo Real Datos estadísticos, científicos, no estructurados Repositorio de datos abiertos Modelo de analíticos abiertos	Aprender automatizar Autónomo Adaptativo Clasificar Reconocer Imagen Video Audio Texto con Chatbot Procesamiento de lenguaje natural Logica difusa de negocios Nube Compleja Cognitiva Innovación	

Ilustración 27 Aplicaciones principales en las etapas de evolución.

En el caso de organizaciones de vanguardia y estado del arte, cuentan con estructuras internas para el desarrollo de aprendizaje y administración de conocimiento organizacional, aplicando los analíticos cognitivos, analíticos avanzaos de imagen, voz, para asistencia virtual, con organizaciones de datos eficientemente gobernadas, existiendo diversos ejemplos públicos reconocidos, como BBVA, Citibank, Axa, entre muchas más, adicional a los ya sabidos *Alphabet Inc., Amazon, Tesla, Neuralink, Starlink, AirBnB*, y demás organizaciones basadas en cómputo cognitivo.

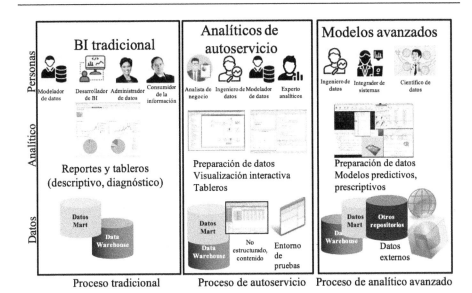

Ilustración 28 Implementación evolutiva y referencial de analíticos

Para concluir este capitulo, se puede sugerir que, como director o analista, puede tomar decisiones basadas en analíticos considerando los siguientes pasos: identificar el problema o pregunta de negocio así como alguna posible alternativa de solución, busque que personas han intentado soluciona este dentro de la organización y cómo intentaron resolverlo; formule una hipótesis que manifieste que variables afectan el resultado; consiga y obtenga todos los datos primarios o secundaros que incidan en su modelo; utilice el modelo estadístico o analítico correspondiente hasta que tenga un ajuste adecuado o hallazgo de valor, presente el resultado utilizando la narrativa para que los interesados puedan accionar una operación.

Algunas aplicaciones

"Me ha impresionado la urgencia de hacer, el conocimiento no es suficiente, debemos aplicar lo que sabemos". Leonardo da Vinci.

Si bien aplicaciones pueden ser transversales, la variable llamada reglas de negocio, impacta de tal manera que un modelo parecido, en industria similar, en un mismo mercado y país, no sea de valor para el usuario.

La primera aproximación que debe tener en cualquier implementación de analíticos es que el resultado de este debe contribuir a: ahorrar, generar mayores ingresos, disminuir gastos, potenciar una diferencia competitiva, brindar mejor servicio al usuario, si el analítico no cae en estas áreas, posiblemente sea un ejercicio académico, de investigación o ejercicio escolar, lo cual a menos que sea un centro de investigación, escuela u organismo de análisis, sería un gasto de recursos.

Analíticos en la venta al menudeo

El comercio minorista, en inglés *retail*, actúa como fase final en la cadena de suministro al vender productos directamente a los clientes, para los minoristas recopilar datos sobre el comportamiento y las preferencias de los clientes e incorporarlos en las decisiones de negocio es algo histórico, evidente y natural, dado que fue uno de los primeros sectores en adoptar las metodologías analíticas.

La analítica de minorista es un término general que comprende varios elementos que ayudan con la toma de decisiones en el negocio minorista (Pochiraji, 2019).

Dentro del escenario de la analítica de minorista, se utilizan las siguientes categorías: consumidor, producto, empleados y publicidad.

- Consumidor: la personalización es una decisión clave a nivel de consumidor, el establecer precios, descuentos, ofertas o cupones de manera personalizada es una de esas decisiones. La recopilación de datos suele ser a través de tarjetas de fidelización que habilitan el capturar los patrones de compra, pagos, consultas. El perfilado vía internet, por usuario, uso de migajas[53], galletas[54], entre otros, puede proveer incluso mejores resultados.

- Producto: las decisiones de productos minoristas se pueden dividir en un solo producto y un grupo de decisiones de producto. Las decisiones de productos individuales o individuales son principalmente decisiones de inventario: cuánto surtido del producto pedir y cuándo realizar el pedido.

---

[53] La migaja (en inglés *breadcrumb*) es una técnica de navegación que utilizan diversos sitios web, navegadores o interfaces gráficas de usuario, que detectan ubicación, la exploración o incluso contenido particular.

[54] Es la información que envía un sitio web y se almacena en el navegador del usuario, de manera que el sitio web puede consultar la actividad previa del navegador.

A nivel de grupo, las decisiones suelen estar relacionadas con la planificación de precios y surtido, fijar para cada producto del grupo y cómo colocar los productos en los estantes de las tiendas, teniendo en cuenta la variedad de productos, el número de cada tipo de producto y la ubicación.

- Empleados: las decisiones en este rubro están relacionadas con la cantidad de empleados necesarios y su programación en la tienda en diversas horas del día, en teoría, incluso para disponer de cajeros que atiendan al consumidor (que Oxxo no utiliza posiblemente).

- Publicidad: este corresponde a las decisiones típicas de encontrar el mejor medio para anunciarse (*Google AdWords, Facebook, Twitter* u otros medios) y poder perfilar los mejores productos para anunciar.

Los datos de los minoristas son tanto estructurados (hoja de cálculo con filas y columnas) como no estructurados (imágenes, videos y otros datos basados en la ubicación), siendo la principal fuente los dispositivos de punto de venta (de inglés *point of sale*, POS) y datos proporcionados por terceros.

Los datos de terceros suelen consistir en información de la competencia, como precios y surtidos de productos, de los clientes de la empresa, como su demografía y ubicación.

Las cámaras de video junto con tecnologías de detección de imágenes pueden ayudar a recopilar datos sobre las rutas de los clientes a través de una tienda.

Otra fuente es la tecnología de identificación por radiofrecuencia (en inglés, *radio-frequency identification* RFID), que tiene casi diez años de uso, el objetivo principal de ocupar esta tecnología era rastrear el inventario en la cadena de suministro, aunque algunos lo emplean para realizar un seguimiento del inventario en la tienda o en la bodega.

	Mejora de eficiencia operacional	Incrementar ingresos	Lograr diferenciación competitiva
Aplicaciones Maduras	Optimización de cadena de suministro Optimización de campañas de mercadotecnia	Algoritmos de transacciones	Aplicativos a la medida
Aplicación analítica en consolidación	Optimización de portafolios Manejo de riesgo Clasificación de ofertas	Optimización de anuncios Optimización de rendimientos	Aplicativos a la medida
Aplicaciones analíticas emergentes	Medicina basada en evidencia	Prevención de tasa de abandono	Optimización de diseño Posicionamiento de marca Segmentación del mercado de productos

Cuadro 4 Principales aplicaciones de analíticos

Si el lector ha tenido la oportunidad de visitar alguna tienda de *Amazon Go*, esta les permite a los clientes tomar artículos e irse, sin necesidad de pagar formalmente en un mostrador, el cliente únicamente necesita escanear una aplicación mientras ingresa a la tienda. El uso de una gran cantidad de cámaras de video junto con algoritmos de reconocimiento basados en aprendizaje profundo habilita este servicio, una experiencia que se le sugiere al lector.

Los principales modelos son los de pronóstico basado en la demanda, estas decisiones deciden el nivel de inventario y establecer el precio para cada SKU (*stock keeping unit*, número de referencia por artículo), aquí puede considerar las series de tiempo univariante de datos, para ventas y utilizar métodos basados en series de tiempo como el suavizado exponencial y los modelos ARIMA.

Para los economistas, matemáticos y actuarios es evidente que, a medida que aumenta el número de predictores, estimar la demanda se vuelve estadísticamente complicado porque aumenta el potencial de sobreajuste, puede considerar métodos de contracción como el de operador de selección y contracción mínima absoluta, que también puede ocuparse en pronóstico hospitalario.

Analíticos en salud

Con la actual pandemia de COVID-19, el adecuado uso de analíticos puede salvar muchas vidas, más allá de ahorrar dinero, se necesita compromiso social y responsabilidad ética y moral, para realmente ocuparlos en beneficio de la sociedad.

El análisis de datos permite la detección más temprana de epidemias, identificación de moléculas, nuevos métodos para evaluar la eficacia de los programas de vacunación, pronosticar el uso de medicamentos por zonas o regiones, realizar análisis automáticos basados en el perfil médico e historial del paciente, identificar el médico o personal sanitario especialista para un caso particular, técnicas de simulación que pronostiquen el tráfico de pacientes puede ayudar a las salas de emergencia a prepararse para un mayor número de visitas, ciclos de descanso o roles de servicio del personal para disminuir la fatiga laboral, entre muchas aplicaciones adicionales.

Las nuevas tecnologías portátiles pueden ayudar también, ya que estos al recopilar datos durante períodos de tiempo mucho mayores que una visita al consultorio o una estadía en el hospital en una amplia variedad de entornos, y al mismo tiempo, garantizar que no se pierdan síntomas nuevos o no informados, elementos o dispositivos como *Garmin*, *Polar*, *Fitbit* y otros, pueden realizar un seguimiento continuo de varios factores relacionados con la salud como la frecuencia cardíaca, la temperatura corporal y la presión arterial con facilidad.

Analíticos para la cadena de suministro

Una cadena de suministro consta de todas las actividades que crean valor en forma de bienes y servicios al transformar insumos en productos, tales actividades incluyen la compra de materias primas a los proveedores, convertirlas en productos terminados, mover y entregar bienes y servicios a los clientes.

Dos de los principales objetivos en la cadena de suministro son: mejorar la rentabilidad y la satisfacción del cliente.

La volatilidad de la demanda causa problemas y desperdicio en toda la cadena de suministro, desde la planificación del suministro, la producción y el control de inventario hasta el envío.

Otro elemento en la cadena de producción es la planificación y el control de inventarios, que, en su forma más simple, implica decidir cuándo y cuánto pedir para equilibrar la compensación entre la inversión de inventario y los niveles de servicio.

El manejo de las adquisiciones puede optimizarse mediante el análisis de indicadores macroeconómicos e internos, y pronosticar en qué dirección podrían ir los precios de las mercancías, buscando proteger un costo en el tiempo mediante la inversión en inventarios y la compra de contratos futuros y de largo plazo.

Una posible ventaja dentro de esta vertical de negocio es que las herramientas de planeación de recursos empresariales y sistemas negocio a negocio, están conectados y sistematizados, pudiendo integrar, por ejemplo, elementos como el RFID para mantener un pronostico con empresas de venta al menudeo, donde, además si estas comparten su inventario, puede hacerse una entrega bajo demanda.

El tener este detalle puede habilitar el mantener una detección de anomalías en la línea de producción, e identificar el elemento o la pieza que afecta el proceso de producción, ahorrando la energía y los materiales que se dedican en consumar una pieza o producto.

El mantenimiento proactivo es otra ventaja que se puede obtener con el análisis de desempeño y calidad de la producción, el cual alineado con la planeación laboral puede implicar una reducción de horas improductivas, generando un aumento en la eficacia por trabajador y hora.

El estar conectado con clientes y proveedores puede generar reducciones de almacén, lo que disminuye la baja de rotación de los almacenes y permite una gestión óptima de estos.

Ser capaz de acceder a datos no estructurados desde redes sociales, datos estructurados de Internet de las Cosas (IoT) y conjuntos de datos más tradicionales disponibles a través de herramientas de integración ERP y B2B tradicionales.

Analíticos en el sector financiero

El análisis de datos en finanzas es tema ampliamente trabajado, se considera parte de la materia de las finanzas cuantitativas, las cuales de comprenden de tres áreas: gestión de activos, banca y seguros[55].

En estas tres áreas, hay cuatro funciones de finanzas cuantitativas: valoración, gestión de riesgos, gestión de carteras y análisis de rendimiento, los analíticos soportan a estas cuatro funciones.

En la industria de inversión, a los analistas que desarrollan análisis cuantitativo, son conocidos normalmente como *quants*, no como científicos de datos.

Para el tema de manejo de cartera o de riesgo, el objetivo del analítico es pronosticar el futuro, particularmente utilizando una probabilidad del mundo real, con proceso de series de tiempos discretos, estadística multi variante teniendo el principal desafío en la estimación.

Para el trabajo con precios de derivados, se busca extrapolar el presente, la dimensión de datos suele ser pequeña, los procesos usan principalmente martingalas de tiempo continuo, con un reto especial en la calibración del modelo.

En el primer caso el usuario de negocio está en el lado de compra, en el segundo en el lado de la venta.

---

[55] Meucci, A. (2011). *"P" versus "Q": Differences and commonalities between the two areas of quantitative finance.* Consultado en http://symmys.com/node/62.

En áreas operativas, puede utilizarse para integrar los datos de los clientes y perfilarlos o dar un autoservicio a consultas de información, vía asistentes virtuales.

Patrón de gasto de los clientes, usos del canal de operación por usuario, segmentación y creación de perfiles de clientes, la tradicional venta cruzada de productos basada en el perfil.

Analíticos en mercadotecnia

Los analíticos pueden aplicarse e identificar si, en lugar de, centrarse en un producto o marca en particular, estos se pueden utilizar para decidir y evaluar las estrategias de la empresa.

A nivel de marca o producto, se puede identificar o evaluar estrategias par realizar un análisis conjunto y encontrar las características preferidas de un producto o se puede realizar un análisis de respuesta para encontrar cómo el mercado recibirá un anuncio de marca en particular.

La analítica aplicada a nivel de cliente brinda información que auxilia a segmentar y enfocarse, desarrollar el valor de la vida útil de un cliente.

Otra aplicación es la integración de análisis en línea para el pronostico de uso de productos, donde se analizan redes sociales, productos o servicio en línea, su ingreso de ventas o rentabilidad, para poder hacer un posicionamiento de rentabilidad por segmento y ubicación geográfica, mediante el tipo de monetización del servicio o producto.

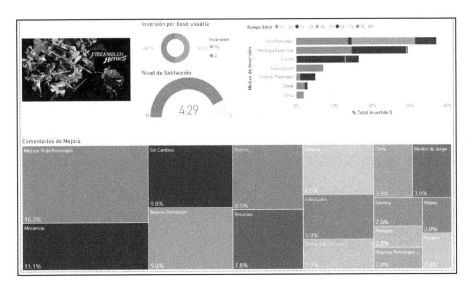

Ilustración 29 Ejemplo de analítico para posicionamiento de ingreso de un video juegos, *Fire Emblem Heroes*. Fuente: Héctor Aguirre.

Analíticos en redes sociales y web

El análisis de redes sociales implica la recopilación de información de sitios de redes sociales como Facebook, LinkedIn y Twitter para brindar a las empresas una mejor comprensión de los clientes. Ayuda a comprender el sentimiento del cliente, creando perfiles de clientes y desarrollo de estrategias adecuadas para llegar al cliente adecuado en el momento adecuado.

El análisis de redes sociales se puede utilizar de forma eficaz para medir la reacción de los clientes a un nuevo producto o servicio introducido en el mercado. Las redes sociales brindan la oportunidad de escuchar a la persona en la calle. La forma más sencilla de hacerlo es escanear varios sitios de redes sociales como Twitter, Facebook o LinkedIn o varios foros de discusión y blogs.

Brevemente estas son algunas de las aplicaciones de analítica, existen bastantes adicionales que el lector puede estar incluso ocupando o en proceso de implementarlas.

Analíticos en ámbito jurídico

En el dominio judicial, abogados, jueces, fiscales, incluso investigadores, cada vez más tienen una gran cantidad de documentos de sentencias, de juicios en proceso, leyes o interpretaciones judiciales, el utilizar un analítico con elementos de modelos de inteligencia artificial, minería de datos y otras técnicas de análisis de texto, puede facilitar el estudio de los casos y el apoyo para la racionalidad de un juicio.

Un ejemplo es la detección de sentencias a manera de precedentes, para lo cual se debe considerar el cómo extraer de manera efectiva las características que representan un caso a partir de diversos textos legales o vinculados, el recuperar de forma rápida y precisa los casos más afines, las fuentes o circuitos de dichos casos, y finalmente, cómo evaluar una sentencia con otros procesos similares.

Existen otras propuestas basadas en la teoría de la argumentación científica, la cual usa principalmente clasificadores estadísticos de frases, mismos que utilizan distintos algoritmos de clasificación, entre estos: árboles de decisión, clasificadores ingenuos de Bayes, máquinas de vectores de soporte y de entropía máxima, siendo estos últimos los que mejor resultado han presentado.

Estas diversas técnicas han procurado identificar los argumentos dentro de en un texto libre, y también identificar las interacciones entre las diferentes proposiciones que forman el texto o la estructura de la discusión, siendo la minería de texto la técnica mayormente empleada para lograr identificar los n-gramas (unigramas, bigramas, trigramas), palabras vacías y otras disposiciones semánticas.

Otro ejemplo que al menos cuenta con más de quince años implementado es el análisis de contratos y valorar e identificar los riesgos, ordenamientos, conflictos de interés y personas políticamente expuestas en eventos de fusiones, adquisiciones, absorciones o alianzas estratégicas; el cual mediante análisis con programación de lenguaje natural, indica las brechas de riesgos para temas regulatorios, transparencia y presenta las leyes, contratos, patentes o demás instrumentos que son parte del incidente.

El lector debe tener presente que esto es parte de la llamada justicia electrónica (e-justicia), la cual es la aplicación y la utilización de la información y el conocimiento en la administración de Justicia.

Dependiendo del sistema de derecho que se tenga en el país dónde lea este documento (romano-germánico, ley común), puede tener otras aplicaciones como pronósticos de sentencias, análisis de tiempos medios de resolución de asuntos y desempeño de órganos jurisdiccionales, resolución automática de disputas en compras, detección y pronóstico de denuncias falsas, así como otras que entran en la esfera de aprendizaje profundo para la predicción y dictado de sentencias. Algunas escuelas de derecho incluso han incorporado hace años el tema de analíticos para tener menos abogados reacios a la utilización de tecnología, para procurar no se queden rezagados y afectados por la penetración de las innovaciones tecnológicas.

Analíticos en telecomunicaciones

La industria de las telecomunicaciones generalmente es una de las puntas de lanza en lo que respecta a innovación aplicada al negocio, están fuertemente relacionadas con la transferencia, el intercambio y la importación de datos a través de varios canales de comunicación y con un volumen que se incrementa día a día.

Los casos de fraude más extendidos en el ámbito de las telecomunicaciones son el acceso ilegal, la autorización, el robo o falsificación de perfiles, la clonación, el fraude conductual, y se ocupan diversos modelos tales como los árboles de decisión, modelos bayesianos, análisis de valores atípicos, reglas de asociación entre otros.

Otra aplicación bastante socorrida, al igual que otras industrias es la segmentación de clientes en sus cuatro esquemas: de valor, de comportamiento, de ciclo de vida del cliente y de migración del cliente; esta focalización avanzada habilita el pronosticar las necesidades, preferencias y la reacción del cliente a los servicios y productos que se ofrecen, en consecuencia, lograr una mejor planificación y orientación empresarial.

La prevención de abandono de clientes (*churn*) se logra mediante el análisis del comportamiento del cliente y las alertas que estos producen al ocupar los servicios; los principales algoritmos y modelos consideran las máquinas de vectores de soporte, las regresiones logísticas, los modelos de bosques aleatorios y las redes neuronales, entre otros.

Existen otros modelos cuya aplicación va desde la optimización de precios, desarrollo de optimización en la red, el pronóstico de fallas al análisis sentimental y generación de nuevos productos sobre el canal de comunicación y enlace, que, fomenta alianzas con otras verticales de industrias para ofrecer la solución completa.

Comentarios finales

"Sólo podemos ver poco del futuro, pero lo suficiente para darnos cuenta de que hay mucho que hacer". Alan Turing.

La pandemia de COVID-19 le dio al mundo una prueba inesperada desde micros y pequeñas empresas hasta empresas trasnacionales y gobiernos de todos los niveles, todos sin excepción fueron examinados en la agilidad y habilidad para mitigarla o prolongarla, el costo en vidas humanas ha sido demasiado alto.

Algunos líderes pese a tener los datos y la información a detalle para su control, han tomado decisiones políticas impactando en el gran e incontrolable número de defunciones en comparación de quienes sí analizaron y ejecutaron en consecuencia logrando controlar mejor la enfermedad.

De acuerdo a lo anterior, lamentablemente sucede lo mismo a nivel organizacional y/o empresarial, contando con todos los datos necesarios, tanto internos como externos, se tomen decisiones que beneficien o perjudican a la organización, accionistas, colaboradores y consumidores.

Los escenarios anteriores manifiestan una realidad, con la que puede o no estar de acuerdo, que nos ha marcado históricamente y exhibido la existencia de líderes o directores que, aún ahogados en evidencia, no toman decisiones que beneficia a la mayoría, aduciendo que tienen otros datos o que les falta información.

Dejo a consideración del lector dos opiniones, una vinculada con la operación y otra con lo que nos depara en un mundo cada vez más conectado en lo digital.

Una ventaja de la época actual es, que los datos cada vez más están generados y tienen un linaje electrónico desde su creación, la ubicuidad tecnológica cada día es mayor y habilita que cada persona "conectada" o "existente digitalmente" pueda ser perfilada, ubicada y dirigida para recibir diversos productos, servicios a partir de estos.

La multiplicación de los datos ya incide y transformará a toda la sociedad, la recopilación (consensuada o no), la compra y el control de estos datos se considerará un recurso esencial para las economías y sociedades del futuro.

Los requisitos geopolíticos y comerciales para la competitividad estarán asociados con el acceso a los recursos, el control de las tecnologías operativas y las cuestiones éticas relacionadas harán que en México el próximo año se viva un escenario de tsunami de datos para procurar incidir en la elección intermedia, las redes sociales tendrán un impacto parcial, pero el uso de programas sociales y diversos servicios perfilando el capital político que el dato les da impactará dramáticamente en el resultado donde la población sea inmadura o agnóstica en lo político.

Las empresas cada vez siguen la ruta para convertirse en una organización de alto desempeño analítico, donde las herramientas tecnológicas están cada vez más al alcance, el reto ya no será de tecnología ni de infraestructura, será del conocimiento y madurez que las capacidades analíticas de los colaboradores, desde el más joven hasta el directivo más veterano, aporten a la organización.

Hacia el futuro inmediato, la adopción de analíticos y su madurez fomentará como parte inherente de la transformación digital, diversos cambios en términos de regulaciones, ordenamientos, rendición de cuentas, mercados, preferencias de los consumidores, precio de los insumos, medición de pérdidas y ganancias; todo lo cual tendrá un efecto en el desempeño y modelo operativo de las empresas, organizaciones y sociedad.

La tecnología puede tener un efecto transformador en la sociedad, aumentando no solo sus capacidades físicas, sino también y especialmente su capacidad intelectual., con el desarrollo de las tecnologías digitales, el volumen de datos personales aumentará enormemente, la preocupación de la sociedad por la dificultad de controlar sus propios datos podría generar desconfianza y aversión a la innovación tecnológica y la sociedad digital, requiriendo en consecuencia, la normativa adecuada y constantemente actualizada para garantizar la integridad de estos datos y asegurarse de que no sean manipulados o utilizados en perjuicio del interesado.

A medida que el análisis de datos continúe creciendo como el núcleo de la toma de decisiones empresariales y gubernamentales habrá que considerar desde una perspectiva jurídica los beneficios y las afectaciones resultantes de la recopilación, así como explorar si las distribuciones resultantes están en conflicto con principios morales y políticos generales relacionados con los valores comunitarios.

Si bien la privacidad se establece explícitamente en el artículo 12 de la Declaración Universal de Derechos Humanos, las barreras técnicas a la vigilancia o no existen en algunos países, mientras en otros han disminuido, las protecciones legales y reglamentarias para la privacidad personal padecen de la complejidad y velocidad de los cambios técnicos y económicos relacionados.

Espero ahora el lector se dé cuenta de cómo algunas empresas en estos días parecen saber lo que usted desea al consultar sus productos y servicios en medios en línea, incluso antes de preguntarles.

Ciudad de México, septiembre 9 de 2020.

Otros libros del autor

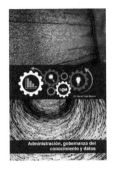

Administración, gobernanza del conocimiento y datos (2019). En una era de transformación digital acelerada, el poder utilizar de manera adecuada el conocimiento, hacerlo accionable, tener un marco de referencia y gobernar los datos se ha convertido en una necesidad de cualquier organización que utilice la tecnología. El tener una referencia práctica de cómo elaborar estos procesos es mandatorio para cualquier interesado en los datos y su manejo adecuado.

Big data, una oportunidad de mejora en las organizaciones (2018). En su segunda edición, este libro ofrece una referencia clara, fluida y accesible a los interesados en comprender de una manera práctica y con ejemplos el cómo el manejo de grandes volúmenes de datos, información y contenido favorece a la inteligencia de negocios y uso de analíticos el proveer soporte a la toma de decisiones.

Introducción a la ingeniería de software, planeación y gestión de proyectos informáticos (2017). En la implementación de proyectos informáticos normalmente se tienen una aproximación puramente técnica al procurar instrumentar soluciones ingenieriles, sin embargo, normalmente el buscar entregar valor a los usuarios finales no es considerado siempre, además de explicar la gestión ágil de proyectos, involucra conceptos de madurez, métricas y liderazgo, ofreciendo una visión integral de cómo llevar a cabo de manera eficiente y adecuada un proyecto informático.

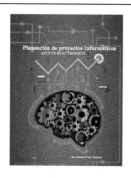

Apuntes de Planeación de Proyectos Informáticos (2015). La gestión está enfocada en la planificación de los procesos para llevar a cabo los objetivos de un proyecto (o empresa), la administración coordina los recursos del proyecto a través de procesos de implementación, guía y control en búsqueda de obtener un resultado y cooperación de los participantes, la dirección ejecuta lo planeado e implica influir y motivar a los colaboradores para realizar las actividades acordadas en la administración y gestión. Estos apuntes en eBook, son una referencia básica para los estudiantes del área de informática.

Inteligencia colectiva: convergencia de la administración del conocimiento e inteligencia competitiva, una forma para la mejora del desempeño operativo de la banca múltiple mexicana (2013). Como resultado de la investigación del uso de la administración del conocimiento en organizaciones financieras en el dominio de tecnologías, se desarrolla las ventajas competitivas que basadas en el correcto uso del capital intelectual y cómo se logró pasar de lo tácito a lo explícito hacen eficientes a dichas organizaciones. Compartiendo una mejor práctica para su implementación en dentro del ámbito mexicano.

Identificación, análisis y aprovechamiento de la administración del conocimiento para la empresa y organización mexicana del siglo XXI (2009). Estudio exploratorio en diversas empresas mexicanas enfocado a valorar el uso de la administración del conocimiento en México en el periodo de 2006 a 2008, contrastando su aplicación y proponiendo un modelo bajo el contexto del análisis, sin dejar de lado la presentación de los conceptos básicos de la administración del conocimiento y del capital intelectual.

Acerca del autor

Daniel Trejo Medina, tiene más de 27 años de experiencia en la implementando proyectos de tecnologías de información, colaborando en diversas organizaciones mexicanas e internacionales, desde diferentes posiciones operativas y directivas. Es doctor con mención honorífica en Ciencias de la Administración por la UNAM, con estudios de doctorado en Administración por parte de la Universidad Anáhuac México Sur, Maestría en Negocios por la EBC, estudios de administración en la Columbia Business School, NY e Ingeniero en Computación con mención honorífica por la UNAM.

Con experiencia práctica como empresario, director, consultor y especialista dentro del sector financiero, telecomunicaciones, tecnología, manufactura y gobierno; con amplia investigación en iniciativa privada y academia. Ha escrito diversos libros y artículos en áreas de la administración del conocimiento, gobierno de datos, inteligencia de negocios, información e ingeniería de software, todos estos desde un punto de vista aplicable y práctico. Ha dirigido diversas tesis de licenciatura, maestría y doctorado. Es profesor en la UNAM, en el ITAM, y ha impartido clases en Francia, El Salvador, Canadá, Colombia y Ecuador. Ha sido conferencista en diversos foros de divulgación de la ciencia, negocios e industria en México, Centro y Sur América, Europa y EUA. Aficionado y practicante de deportes de largas distancias como el triatlón.